はじめに

今は誰もがフェイスブックやインスタグラムで、自分の日常を公開し、他人の日常を閲覧しています。ＳＮＳが発達した現代社会では、人とそうやってつながっていることが当たり前になっているようです。

ところがその一方、社会でむしろ「淋しさ」を感じている人々が増えているように思います。

それは、どうしてなのでしょう？

「淋しさに寄り添う」ことをキーワードとするラジオ番組や、「淋しさ」に向き合う書物などを見かけます。

そもそも、どうして「孤独」や「淋しさ」を感じてしまうのでしょうか？

私は、たとえ幸せを感じている人の奥にも淋しさがあることを知っています。そのような「淋しさ」を抱えているすべての人々に向け、大事な気づきとなることばをお伝えしたいと思います。

誰もが自由で、真の幸せな人になっていただきたいのです。

30数年前、私は標高4千メートルを超えるヒマラヤ奥地へ行き、7年間にわたる厳しい修行をしてきました。雪と山しかないようなところで、社会とのコンタクトを断ち、過酷な自然環境のなかで心と身体をコントロールし、深い瞑想を行いました。

そして、サマディ（涅槃、究極の悟り）に至りました。今から5千年以上も前に生まれ、師から弟子へと脈々と受け継がれてきた祝福と修行法であるからこそ、心と体にしっかりと向き合うことができ、真理がわかったのだと思っています。「神我一如」、神と一体となり、シッダーマスターとして人々を救い、幸福に導く、真の智慧とパワーを授かりました。

そして、今はこの日本を拠点に、ヒマラヤの恩恵から得られる智慧と愛をみなさんにシェアしています。

２０２３年6月21日、インドのモディ首相が提唱した国際ヨガデーの国連本部での式典に、私は最高のヨガを究めた特別ゲストとして招待されました。

この会場で、私はモディ首相に直接、ヒマラヤ聖者の祝福を授けたのです。その様子はモディ首相の公式X（旧ツイッター）、インスタグラムを通じ世界中に拡散されていくことになりました。

ヒマラヤの恩恵には、人々を真の幸せへと導く智慧とパワーがあるのです。あなたにもぜひ受け取っていただきたいと思います。

目次

ヒマラヤ大聖者の
あなたの淋しさに寄り添う100のことば

第2章 良いエネルギーとつながることば……59

第3章　人生を無駄にしないためのことば……103

第4章 満ち足りた、不動の心になるためのことば……149

第1章

淋しさに寄り添うことば

1

100

自分の内側が満ちてくると、
淋しくなくなるのです。
ごくごく当たり前のことにも、
素晴らしさが
感じられるようになります。

私はみなさんに「ヒマラヤシッダー瞑想」を教えていますが、自分の内側を整理整頓していくと、何事にもネガティブにならないで、すごく平和な心持ちになります。そして、自然に「生きているとがありがたいな」と思えるようにもなります。

何か楽しいときだけがありがたいのではなくて、呼吸ができることがありがたいとか、生かされていることがありがたいとか……。

今まで気づかなかった、ごくごく当たり前のこと、見えなかったところにも素晴らしさを感じられるようになります。

そして、ごく自然に、感謝の気持ちが湧いてくるのです。

自分の内側を整えて、平和になることで、生命力も高まります。

そうやって自分が満ちてくれれば、どんなときも淋しくはありません。

私たちは自然から生まれていて、本当は大いなる存在があって、そうした存在にいつも守られている。

そういうことが自然に感じられるようになるのです。

2/100

友人たちと話していても、
ふと「孤独」や「淋しさ」を
感じることはありませんか？
理由はとてもシンプルです。

人々の輪の中にいても、ふと「孤独」を感じることはありませんか？

友人と話していても、なぜか「淋しさ」を感じることはありませんか？

ふと気づくと、自分はこの広い世界で一人ぼっちのように感じることはありませんか？

誰もが、さまざまな人間関係において、そのような経験をしているのではないでしょうか。

なぜ、そうなるのでしょう？　その理由はとてもシンプルです。


私たちは、常に「心（マインド）」を働かせて生きています。

過去の経験から、さまざまな人間関係において、どう振る舞えば角が立たないかを学びます。その場の空気を読み、相手の顔色を見て、話を合わせたりしています。

嫌われたくない、否定されたくない。

だから、できるだけ良い人でいようとしているのです。


そうやって「心（マインド）」は、懸命に自己防衛しています。

その結果、余計なエネルギーを使ってしまい、疲弊してしまうのです。

だから、誰といても心の底から楽しめず、幸福を感じられません。

孤独や淋しさを感じるのは、深いところが満たされないからなのです。

3
100

あらゆることを「一期一会」という
気持ちで受け止めましょう。
ほんの些細なことでも、
ものすごく喜べるようになります。

誰もが1回目はすごく感動します。しかし、2回目、3回目……と体験を重ねるうちに、感動が薄れていきます。

そうして、「もっと、もっと」と、より大きな刺激を求めるようになります。

体験の記憶も「より大きく、より大きく」と積み重なっていくのです。

また、心がこれまでに積み重ねた思い込みでいっぱいだと、いくら新たな教えを聞いても理解できなくなります。

古い考えで凝り固まり、新しい考えを受け入れられないのです。

そうなると、直感も働かなくなってしまいます。

人は歳をとると、知らず知らずのうちに、融通のきかない人間になっています。長く生きれば利口になるのかというと、実はそういうわけでもないのです。

ですから、いつもすべてを「一期一会」という気持ちで受け止めるようにしましょう。

1回ごとに、しっかりとリフレッシュするのです。

そうすれば、ほんの小さなことでも、ものすごく喜べる人になります。

感覚が鋭くなって、正しく物事を見られるようになり、直感も冴えて、人に聞かなくても何をどうしたらいいのかわかるようになります。

4

100

人に出会ったときは、
心から尊敬し、愛を送りましょう。
目の前に現れる人はみんな、
気づきを与えてくれる、
あなたに必要な人なのです。

世の中では、「どのような仕事をしているのか」とか、「お金をたくさん持っているのか」とか、そのような外側の違いで人を判断することもあるようです。自分と比べて、相手を下に見たり、逆に上だと感じてへつらったり。そうした心の性質に気づきましょう。

人の奥深くに神性な存在があることを信じましょう。


新たな人との出会いは、その神性な存在との出会いです。出会いに感謝し、相手を尊敬しましょう。あなたの中にも、相手の中にも神様がいるのです。

そのように、お互いに尊敬し礼拝する気持ちで出会っていくと、良い人間関係になっていくのです。


人はみな違う体験をしています。

人との出会いは、あなたに気づきと学びを与えてくれる機会です。

出会う人は何らかの縁がある人です。あなたの成長のために必要な人かもしれません。

感謝の気持ちで接し、もし嫌な思いをしたら、自分の心（マインド）が反応していると気づきます。

このように気づき理解することで学んでいくことができるのです。

5
100

必死に良い人を演じても、
外側だけ良い人になったとしても、
結局は疲れるだけなのです。

人は見えるところの体裁を良くしようとします。人との関係が大切ですから、とりあえず表面的に良い関係を作ることにエネルギーを注いでいるのでしょう。

しかし、ずっと良い人を演じていると疲れてしまいます。

その価値観のもとに、今度は「あの人はダメ」「この人はダメ」と、そうでない人をジャッジして攻撃するようになっていきます。また、外で必死に演じて良い人になっていても、家に帰ったら悪い人に戻るのでは、まるで二重人格者です。

外側の見えるところだけ良くするのではなく、自分の内側もしっかり磨いていきましょう。心（マインド）はいつも、自分を疑ったり、人を疑ったりと揺れています。いつも、あの人はああだとか、こうだとか、ジャッジしています。

みんな自分を守るために、心配の心を、怒りの心を、無知の心を、ずっと使ってきました。そういう生き方しか知らなかったからです。

バカにされないように、だまされないように、一生懸命、教養を身につけ、美貌を磨き、良く見せて競争に打ち勝とうともしてきました。それは華やかで、繁栄しているように見えても、結局は心の働きであるため、みんな疲れてしまうのです。

世界中が混沌としたこの時代だからこそ、しっかりと心を超えて本質的な豊かさを求めていくことが必須なのです。

6

100

使いすぎたり、間違えて使うと、
心も修復が難しくなります。
自分の心の欲望に翻弄されて、
壊れてしまうのです。
心を回復させるためには、心を使わないで、
「無心」になる
生き方をしていきます。

私たちは、「心（マインド）」を使い続けています。朝から晩まで、寝ているときでさえも、夢を見て心が働いています。心配したりプランを立てたり、膨大な情報にさらされて、心はずっと使われっぱなしです。心が働き続け、その心に振り回されています。やがて心が壊れてしまうことがあります。修復不可能になり、鬱になったりもするのです。

みんな、自分自身の心に、やられてしまうのです。イライラしたり、怒ったり、悲しんだり、焦ったり、嘘をついたり、虚勢を張ったり、自分の気持ちが平和でありません。まわりの悪い環境に影響されて、心が右往左往してしまうこともあるでしょう。あれもしなくては、これもしなくてはと、どれが本当に必要なことなのか、よくわからなくなるのです。

また心の中に常に、心配や恐れがあったり……。例えば「職を失ったらどうしよう」とか……、先のことを心配したり、過去にとらわれたり、キリがないのです。
そのような心を手放す、ということをしていきます。「無心」になるということです。
これから私たちがしていくべき生き方なのです。

それをよく知りガイドできるのが、ヒマラヤ聖者です。

7

100

自分に自信がない人は、
他人のおこぼれで
輝こうとするものです。
自分自身が満ちていく、そうではなく、
あなたに輝いていただきたいのです。

内側から輝くためには、どうしたらいいのでしょうか？

あなたが普段、どういう心で行為をしているのか、気づいていかなくてはなりません。
いつも他人をうらやんでいたり、人と比較したり、イライラしたりしていませんか。
それは心の働きで消耗しているのです。
人は自分に自信がないと、相手のおこぼれで輝こうとするものです。
スマートフォンで有名人と写真を撮って、ＳＮＳで自慢する人も多いですね。
そうではなく、自分自身が満ちて、輝いていきましょう。
日々、感謝していきます。

どれだけまわりの人に感謝しているのか、気づきましょう。
あなたからいいエネルギーを発していきます。
平和の人、愛の人になっていきましょう。
それがあなたの本質なのです。

あなたの本質に出会っていくことで、その性質が引き出されるのです。
あなたが神様の子であることに気づくのです。
しっかり満ちて、輝いていくことができるのです。

8

100

淋しさを紛らわすためにとか、
何か得になることがあるからとか、
そういう生き方をしていませんか？
そろそろ、
本当の生き方をしてみませんか？

私たちが生まれてきた目的、それは本当の成長、真の成長をしていくことです。

みなさんには、ぜひ「悟り」への道、真理への道を歩んでいただきたいのです。


気づきをもって、心の執着を捨てていきます。

みんなを助ける生き方、みんなを幸せにする生き方をして、愛を伝えていっていただきたいのです。

心から相手の幸せを祈ります。

自分が良い人だと思われたいからではなく、相手への恐れからでもなく、その人を本当に幸せにしたいから祈るのです。

今までは、淋しいから、良く思われたいから、得になるからとか、そういうつながりで生きてきたのです。


そろそろ、本当の生き方をしてみませんか?

今までは、気を遣って生きてきました。


これからは、愛を使って生きていくのです。

真の愛を目覚めさせるためには、心をヒマラヤシッダー瞑想で浄化していくとよいのです。

9
100

集めるばかりでは、
エネルギーの出口がありません。
差し出すこと、捧げることで、
新しいものが入ってきます。

多くの人が、心の声に従って生きています。あれが食べたい、あそこに行きたい、あれが欲しい、これがやりたい……。心は、常に欲望を満たそうとします。だから、心の中も、家の中も、かき集めたものでいっぱいになっていきます。

いらないものを捨てること、手放すこと、「断捨離」が世間でも注目されていますが、たくさんのことにとらわれたままの心では、集めたものに執着して、なかなか手放すことができません。捨てたとしてもまた買い集めるのです。

心も入れ物であり、過去生での行為の結果である記憶、いろいろな情報や体験が、ガラクタとなって詰まっているのです。そしてそれは設計図となってあなたを動かし続けるのです。「欲しい、欲しい」とこだわる心となり、嫉妬や不安、劣等感といったさまざまな苦しみを生み出していくのです。

「欲しい、欲しい」と集めるばかりでは、エネルギーの出口がありません。ものを捨て、新しいスペースを作るように、差し出すこと、捧げることです。息を吐けば自然と空気が入ってくるように、出せばちゃんと入ってくるのです。ただし次に入れるものは執着にならないもの、自分のためではなく人の役に立つものがよいのです。差し出すこと捧げること、出すことは、無限からの愛であり減ることではありません。

10

100

欲望にはキリがありません。
次から次へと体験ばかりしていると、
人生の時間は
足りなくなってしまいます。
外側に求めず、
自分を変えていくのです。

いつも、何か満たされないのです。

「お金が欲しい！」とお金持ちを目指したり。「恋人が欲しい！」と恋人探しに夢中になったり。何かに没頭しているときは楽しいのですが……。

こういうものかと、わかってしまうと興味がなくなってしまうのです。


一度体験して、こういうものとわかると、飽きてまた次のものを求めます。

しかし、あれも、これも、と体験ばかりしていると時間が足りなくなってしまいます。

「もっと！　もっと！」と良いものを求める欲望にはキリがありません。


もう、外側に求めるのではなく、内側の宝探しをするのです。

自分はいったい誰であるのか？　何のために生まれてきたのか？

ヒマラヤ聖者は、自己探求のために瞑想を発見したのです。

瞑想をしていると、自分の内側が整い浄化されていきます。


「ヒマラヤシッダー瞑想」は、そうした心の整理を早く行って、意識を覚醒させていき、宝を発見していくものです。

私はみなさんに、宝に出会う「悟り」への道を歩んでいただきたいな、と思うのです。

11
100

「足るを知る」ことが大事です。
手に入れる前は、
持っていないことへの不満がつのり、
手に入れれば、
ずっと失いたくないと、
執着がつのるものです。

私たちは、一度手に入れたものを守りたい、ずっと手元に置きたいと願います。たとえば、それは地位や名誉、お金や健康……、あるいは、誰かとの幸福な時間かもしれません。

手に入れる前は、「自分は持っていない」「自分にはない」などと不満がつのるのですが、手にしたらしたで、今度は「失いたくない」と執着します。

心は、常に不足を見つけては、それを補おうとする性質を持っています。「足りない」ことばかりが気になり、「満ちている」ことには目を向けません。

「足りない」といって集めたあとは、手にしたものに執着して手放せなくなります。

こうした心のカラクリに気づき、そこから自由になりましょう。

心を放して「足るを知る」ことが大事です。心の奥にある本質からすでに恵みをいただき、助けられていることに感謝します。それはあなたを生かしめている存在です。

そこにつながり、取り込みため込むのではなく、分かち合っていきます。

本当の幸せとは、どのようなものでしょうか？

ヒマラヤの教えは、こう伝えています。

「何ものにもとらわれない、自由な心と体でいること」

12

100

新しい生き方をしてみませんか。
未来や過去にとらわれず、
今このときだけを意識していることで、
「本当の自分」につながっていきます。

私はみなさんに新しい生き方を伝えています。

常に自分の意識を覚醒させて、「今にいる」ということです。

そして、瞑想をして心の中を空っぽにしていきます。


私たちの心は常に動いています。

先のことを考えたり、過去のことにとらわれて、いろいろと考えてしまい、なかなか「今にいる」ことができません。


今にいるとは心でいろいろ想像しないで無心でいることです。

しかし心はその性質が磁石のように事柄を引き寄せ考え続けます。

その心の働きをストップさせ、無心の状態を起こすのがヒマラヤ秘教の数々の教えと秘法です。


そうして私たちの奥深くにある、動かない永遠の存在に至り、本当の自分を悟るのです。

私たちを生かしめている存在、魂の存在。


そうした「本当の自分」につながりそれになるためには、エゴを超えた自分を愛し、自分を信じることが大切です。

13
100

無心で行為をしてください。
人の評価や、結果を気にしたり、
いろいろな思いに引っ張られたりすると、
能力が生かせなくなります。

瞑想をすすめていくと、何か行為をする前には必ず心の「思い」があることに気づいていきます。その行為が、もし自他を傷つけるような悪い行為だったら、「思い」を正すことでその行為をやめることができます。

しっかりと行為の前の思考を正せば、人生もしっかりと設計できるようになります。そうしないと、自分の好きなことだけしかやらないかもしれません。また、うまくいかなければ逃げるかもしれません。

私は「いつも無心で行為をしてください」と教えています。

心（マインド）を浄化して全部ゼロにしてしまい、「無心」になりましょう。

その秘訣はヒマラヤ秘教にあります。

できない、怖い、変に思われるんじゃないか……、そんな風に人の評価を気にしたり、結果を気にしたり、いろいろな思いに引っ張られたりしていると、100％の力を発揮できなくなります。

いつも「無心」で、新鮮な気持ちで物事に向き合えばいいのです。それが物事を成し遂げる、集中してできる秘訣です。

「私は大丈夫。神様の子であり、いつも守られている」という自信を持って、人生を前向きにどんどん進んでいきましょう。

14
100

夢中になっていたら、
暑さも寒さも感じません。
無心になると、
パワーがどんどんどん出てきます。

「心頭滅却すれば、火もまた涼し」という言葉があります。

たとえ火がぼうぼう燃えていても、心がとらわれなければ、それを熱いとは感じない、という意味です。


インドには、赤く燃える炭が入った鉄鍋を、頭の上に載せて瞑想する行者がいます。

それは怖いことですが、何かに集中していると、頭の上のぼうぼう燃えている火の熱さにもとらわれないのです。

困難の真っただ中で、一つの光につながって、乗り越えたときに出てくる言葉です。

火が燃えて、熱い！　そこで心に祈って、心を超えたとき、火さえも涼しいのです。


人は誰もが、先のことをつい心配したり、他の人のことを気にしたりします。

なかには失敗を分析し、心がとらわれて気にしすぎてしまう人もいます。

過去の何かにとらわれて悪い方へ、悪い方へと考えるのです。


ヒマラヤシッダー瞑想で空っぽになっていく修行をしていきましょう。

すっと切り替え、無心になり、今にいて、次に取りかかり進むことです。

無心になると、心を超えた無限の存在から、パワーがどんどん出てくるのです。

15
100

放って空っぽにした心には、
愛と智慧が湧いてきます。
一気に悩みが
消えていくことでしょう。

みんな、常に何かを悩んでいます。

明日の仕事のことを心配したり、過去の失敗を悔やんだり。

お酒を飲んで一時楽しくなっても、酔いが覚めれば、相変わらずそこには苦しいことがあるのです。

友達と遊んでいてそのときが楽しくても、それが済むとまた苦しいのです。


みんな、心の中にゴミがあります。そのゴミを溶かす力を、ヒマラヤ聖者が持っています。あなたの意識を引き上げ苦しみを越えさせる「救済」を、するのです。

ヒマラヤ大聖者は、人を救済する不思議な力を持っています。

みなさんの内側を目覚めさせ、エネルギーを変容させ、生まれ変わってもらう。

それを「ディクシャ（エネルギーの伝授）」といいます。


「ヒマラヤシッダー瞑想」を実践すると、一気に悩みが消えていくことでしょう。

「空っぽになると困る」と思う人もいるかもしれませんが、空っぽになると、悩みではなく、もっといいアイディアや慈愛が湧いてくるようになります。


執着をなくした心には、無限の愛と叡智がどんどん湧いてくるのです。

16

100

自分の内側を浄めると、
これまで世界を色眼鏡で
見ていたことに気づきます。
そして、ようやく理解するのです。
あらゆることが素晴らしい！

私たちは、知識を集め、自分の周りのことや物のことをいろいろと知っています。

しかし、悟ってはいないのです。


心や物や知識というものは、常に変化していきます。

今、あなたにとって役に立っている会社の知識は、その会社を辞めたら役には立ちません。


しかし、あなたが真理を悟ったなら、そこからの心身魂の智慧は今からずっと、死んでからも役に立つのです。真理は永遠に変わりません。

自分の内側を浄めると、浄めていないときと浄めたときとでは、どういう違いがあるのかがわかります。目からうろこが落ちたようです。

そして、うろこが落ちたとき、これまで世界を色眼鏡で見ていた、とわかるのです。

眼鏡に曇りがあると、世の中が曇って見えるものです。


曇りが取れれば、世の中が明るく輝いて見えます。

すると「今まで自分は苦しみばかりを見ていた」とか、「悪いことばかり気にして見ていた」とか、自分の心の癖にも気づくでしょう。

そして、「あらゆることが、みんな、素晴らしい!」と理解するのです。

この世界は本当に素晴らしいのです。

17
100

混沌とした世の中に、
希望を持ってください。
一人ひとりの気持ちは波動になり、
まわりに広がっていきます。

あなたは本当に素晴らしい存在なのです。

自分のことを粗末にしないで、しっかりと自分を愛しましょう。

そして、ちゃんと尊敬してあげましょう。


みんな、まだ自分自身のことがよくわかっていません。無意識に行動して、欲望に翻弄されています。

だから、ちゃんと目覚めて、自分の心をコントロールできる人になりましょう。

自分が自分のマスターになるのです。


自分を尊敬し、人も尊敬して、お互いに尊敬し合うようになりましょう。

みんなの幸せを祈ります。世の中が良くなっていくように、みんなが愛の人、平和の人になるように。

そのように、一人ひとりが変わっていくことで、良い世の中になっていくのです。


みんなに「以心伝心」していきます。見えないところから、一人ひとりの気持ちは波動になり、まわりに広がっていきます。

この混沌とした世の中に、みんなが希望を持って欲しいのです。

そうなれば、未来にすごく希望が出てくるのです。

18
100

コロナ禍も気づきの機会でした。
どういう環境でも、
どんな状況にあっても、
しっかり丁寧に生きることです。
必ずなんとかなりますから。

それまでは、会いたいときにはすぐ会えて、人と人の関係性がすごく密接なのが当たり前でした。しかしコロナ禍で、自由を奪われたような状況になってしまいました。

そんな状況にあっても、自分を見つめたり、一人になる時間も大切にしたりして、丁寧に生きることに気づいた人もたくさんいます。


今まで、仕事場や学校、人々の集まりで付き合いに忙しく、ストレスを溜め、体を粗末にしたり時間を粗末にしていたことに気づきました。

自分も、まわりの人も愛していなかったり、すぐ淋しさや恐怖につながったり……。

結局、いつもいろいろなものに依存して、「これが欲しい」「あれが欲しい」と欲望に走り、翻弄される人生でした。

コロナ禍で、そういうことに気づいた人もいるのです。


どんな不運な状況にあっても、あまりメソメソせずに、いろいろ不自由でも丁寧に生きることです。もう一度、自分自身を見直すのが良いでしょう。できるなら瞑想を取り入れていきましょう。その方が深い真理に気づいていくでしょう。

どういう環境においても、心の奥深くには「生きる力」が備わっています。

必ずなんとかなります。

自分の深くに働く、魂の生きる力を信じます。

19
100

悩みは自然に浮かんでくるものです。
どうやってストップさせると
いいのでしょうか。
とりあえずの対症療法を
くり返すのではなく、
根本的に解決する真理があるのです。

すべてに恵まれていて、才能があっても、虚しくなるときがあります。自分のこの肉体で、最高の舞台を演じていたとしても、そのときは達成感があるかもしれませんが、ふとしたときに虚しくなるのです。

何かをしているときは、精神を統一し、それと一体になっているので心が満たされ、余計なことを考えません。

でも、何もしていないときには、悩みが自然に次々と浮かんできてしまいます。それをどうやってストップさせるのでしょうか？

お酒を飲んで憂さを忘れたり、美味しいものを食べて忘れたり、ショッピングして忘れたり……。

でも、そういうことをくり返していれば、今度はローンが増えたり、生活習慣病になったり、体をこわしてしまったりすることもあるでしょう。

そのような小さな対症療法をくり返すのではなく、根本的に解決する真理に出会っていきましょう。

人には生きる真の目的があります。自分を浄化し、意識を高める真理を悟ることです。

それは最高の人間になり、すべてを手に入れることなのです。

その道をぜひ体験していただきたいのです。

20
100

信仰というものも必要なのです。
信仰が教えられていた時代には、
神様につながっていましたから、
孤独を感じずにすんだのです。

昔は信仰が教えられ、人々は神様につながって生きていました。

ですから、あまり孤独に陥ることはありませんでした。

昔はキリストやブッダなど、聖者が生まれ、人々が幸せになる教えを説き、人々はそれを信じ、その教えが広まっていきました。そして、人々に心をどのように扱っていったらいいか、その指針を示してくださったのです。


私たちは見えない尊い存在から生まれてきました。

その尊い存在は宇宙を創り、地球を創り、大自然を創りました。

川があって、山があって、私たちは自然の恵みをいただいて生かされています。

そういうものを信じることは、ものすごく大切なことです。


ところが今、人々は信仰を忘れ、神様につながらず、みんな孤独の中に生きています。

自分の内側にも本当の自分、あるいは神様がいることに気づいていません。

そうして、心（マインド）の奴隷になってしまっています。

現代社会は、仮初めの幸せを味わえる便利なもの、時間をつぶせるものにあふれ、淋しさをごまかすことができます。

心と体が翻弄され、それに依存し、本質を見失っています。

真理や人とのつながりを見失っているから、常に淋しく、迷っているのです。

第2章

良いエネルギーと
つながることば

21
100

みんな、いろいろとこだわりすぎです。
そんな心に気づくことが大事です。
自分の心が平和になれば、
こだわりからの執着に
振り回されなくなるのです。

みんな、いろいろなものにこだわっています。

こだわりというのは「執着」です。「これでなければ」と執着すると、それに振り回されてしまいます。

振り回されないためには、その自分の心に気づいていくことが大事です。

みんな、心（マインド）を使って、いろいろと埋め合わせをしているのです。

しかし、自分の心が平和になれば、「イライラするから甘いものを食べる」「淋しいからお酒を飲む」というような、自己防衛の代償行為は必要ありません。

そういう人がもっと増えて欲しいのです。

「ヤマ・ニヤマ」という教えがあります。それは行動の規範です。

心と体を輝かせる、善い行為をしていきましょう。自他を傷つけない、エネルギーを消耗しない、自他を生かす行為です。そして、良いエネルギーとつながっていくのです。

さらに心と体を浄めて、あなたを創り出している源の存在と一体になるのです。

そうすると、愛が増えていきます。みんなに親切にできる人になります。自信がついて、人をうらやみません。

みんな、本当に何でもできるようになるのです。それが悟りへの道です。

22
100

混迷を深めるこれからの時代は、
いつ何が起きるかわかりません。
だからこそいつでも、
良いエネルギーにつながりましょう。

ポジティブシンキング（積極思考）をしすぎると、調子に乗って、エネルギーを全部使い果たしてしまうことがあります。エネルギーを一気に使い果たすと、鬱になってしまいます。

ポジティブシンキングを続けていけば、もちろん良いこともいろいろ体験します。しかし、調子に乗りすぎれば、鬱陶しいと思われたり、妬まれるかもしれません。何かと上がったり下がったりが激しくなることでしょう。そして、下がって自己否定してしまうと、全然力が湧きません。なかなか這い上がれなくなります。

普通に生きていても、家族の誰かが亡くなったとか、病気になったとか、老後の心配とか……。やはりエネルギーがガクンと下がってしまうときがあります。みんな、自分で自分をうまくコントロールできていないのです。

これからの時代は、いつ何が起きるかわかりません。ですから、いつでも良いエネルギーにつながっていたいものです。
あなたの内側にもある、源の存在、創造の源、そこにつながると良いのです。
あなたは常に心の変化に振り回されない、不動の人になることができます。

23
100

あれこれ心配することは、
エネルギーを消耗させるだけです。
自分だけでなく、
まわりの人のエネルギーまで、
消耗させてしまうのです。

私は7人きょうだいの末っ子で、1歳半のときに父親が亡くなりました。

ですから母は、何かにつけていつも子供の心配をしていたように思います。子供は悪い子でなく、成績がよく、品行方正なのですが、どうしてお嫁にいかないとか、なぜ食事の支度を手伝わないとか、心配にはキリがありません。

どうして親は心配するんだろう?

親というものは心配するのが仕事なのだ、と諦めた経験があります。

親は、子供を良くしたいと思って、いろいろ心配してくれているのですが、それは逆に自分のエネルギーも、子供のエネルギーも消耗させています。

心配は問題を解決しません。

心配している親の姿を見て、子供は勇気がもらえたりはしないのです。

人の心というものは、いつも心配したり、気にしたり、恐れたりして不安になります。

間違った情報で不安からパニックになり、食べ物やトイレットペーパーを買いあさったりします。

そういう心を平和にしていきます。そのために、ヒマラヤの恩恵「ヒマラヤシッダー瞑想」があります。

24
100

集めているものを試しに捨ててみると、
いらなかったことがわかります。
みんな、無駄なエネルギーを
使いすぎているのです。
もう少し楽に生きていきましょう。

世の中の学びは、くっつけて、くっつけていくものです。

そして、どんどん重くなって、こだわりの鎖につながれていきます。

あれも大切、これも大切と、捨てられないものがどんどん増えていく。みんな、余分なものを集めすぎています。

抱えたものがダイヤモンドのように見えてしまって、執着しているのです。持ちすぎているものを1回パッと捨てる練習をすると、「あっ、これはいらなかった」とわかるでしょう。


みんな、無駄なもの、無駄な時間、無駄なエネルギーを使いすぎています。

「あの人にも会わなければ」「これもやらなければ」といろいろ忙しすぎて、自分の時間がなくなってしまうほどです。


みなさんには、もう少し楽に生きていただきたいのです。


みなさんの中には、神聖な存在があります。慈しみの心、愛の心があります。

あなたが本質である「本当の自分」につながったら、智慧が湧き、愛が湧き、自分が集めたものには依存しなくなります。

もう何もいらなくなるのです。

25/100

みんな、いろいろなものに
振り回され、
ずっと動きっぱなしで
消耗してしまいます。
エネルギーを
枯渇させないようにしましょう。
いざというときには
力が出せるように！

私たちは、一晩寝て起きると、ごちゃごちゃだった頭の中が少しすっきりしています。命は、昼の太陽、夜の月という、動と静の力の働きでバランスが取れているのです。交感神経がずっと働きっぱなしだと、エネルギーが枯渇して、消耗してしまいます。


私たちは、心身が欲望と執着に振り回され、消耗しすぎています。みんな、ブレーキがきかなくなっているような状況です。心は心配、心配、心配、心配……、あるいは良い思考でも、思いの連鎖が止まりません。

夜は太陽が沈み、月の動きで自律神経が働きます。昼と夜の境目が、充電のときです。エネルギーを枯渇させず、いざというときに力が出るよう、心と体の使い方を学んでいきます。みんな、心がずっとノンストップで働いています。寝ていても夢を見て働きが収まりません。


ヒマラヤ大聖者・シッダーマスターは究極のサマディで心を超えて、不動の存在と一体となり、真理を悟ったのです。それは心を浄化して永遠の「今にいる」ということです。その体験から、あなたの心を変容させ平和にすることができます。

あなたは心を使うのではなく、愛を出してみんなを助け、みんなが幸せになることをしていくのです。

それがエネルギーを消耗しない、新しい生き方なのです。

26

100

大切なエネルギーを
漏電させないようにしましょう。
瞑想の姿勢というのは、
エネルギーが漏れない形なのです。

瞑想するようになると、頭の中が騒々しいことがわかって、最初はびっくりしてしまいます。

そして、自分のエネルギーは、不安のエネルギーだったこともわかったりします。根底に不安や淋しさ、恐怖があるのです。お金がなくなるんじゃないか、仕事がなくなるんじゃないか、いつまで健康でいられるのか、家族は大丈夫だろうか……。

瞑想にもいろいろありますが、シッダーマスターの瞑想を続けていくと、不安のエネルギーでなく、良いエネルギーとずっと共にいることができるようになります。

瞑想の姿勢では、足を組みます。それは自分の中でエネルギーが完結している形であり、エネルギーが漏れない形です。

実は、普段はみんな漏電しているのです。

平和な心とは、静かな心です。

一方騒々しい心では、「ああだ、こうだ」といろいろな思いが次々に出てきてしまって、しゃべりたくなるのです。

しかし何もしゃべらなければ、充電できます。夜、寝ているときはしゃべらないので、充電しているのです。つまり、エネルギーが漏れない形をとって、積極的にエネルギーを整えていくのが瞑想ということです。

27
100

あなたの中には、
水、火、土、空、風の
エネルギーがあります。
それぞれの働きが、
あなたの心と体を動かしています。

今日のあなたは平和ですか？

あなたの感情が波立っているとき、あなたの中で水のエネルギーが大きくうねり濁って、それがイライラになります。


あなたの中には、火のエネルギーもあります。燃えさかる火のエネルギーで、あなたはパワフルになり、意志の力が強まります。濁っていると怒りになります。

あなたの中には、土のエネルギーもあります。土のエネルギーは肉体を構成します。新陳代謝が活発になり、あなたは疲れずに、いろいろなことができるのです。

あなたの中には、空のエネルギーもあります。空のエネルギーは、体の中の空間や、関節、脳の電気活動にも使われています。


そして、あなたの中には風のエネルギーもあります。あなたは呼吸によって生命エネルギーを取り入れて、全身へと送っていきます。呼吸は心の働きにも関係しています。

現代社会は情報が世界中を行きかい、心はそれに振り回されています。風の時代といえるでしょう。風のエネルギーによって、心が動くということです。

風を鎮めるには、陰と陽のバランスをとり、静かな波動にすることが大切です。

これらの5つの元素にカルマが積まれ濁っています。それを浄め、それを超えて真理を悟るのが、悟りへの道です。

28

100

あなたは素晴らしい人なのです。
心の曇りを取り除いていきましょう。
物質的な生き方はやめて、
内側から輝く人となりましょう。

祈りと瞑想を生活に取り入れましょう。良い波動が一日中続きます。自分を信じ、見えない存在を信じましょう。私たちは、見えない源から送られてきました。心身の表面をいくらきれいに飾っても、源の生命のエネルギーの存在を知らなかったら意味がありません。

エゴで知識をひけらかして生きていても、不安や恐怖、淋しさがつきまといます。いつ病気になるかもわかりませんし、死を排除することはできません。暗闇の方へ行ってしまえば、体のどこかが不調になったり、人を信じられなくなったりします。さらに負の連鎖に巻き込まれるのです。


良い方向に導いてくれるエネルギーにつながります。源の存在です。

あなたの本質は、本来輝いていて素晴らしいのです。

ですから、自分を信じ、心の曇りを取り除いてください。物質的な人から、神聖な人、内側から輝く人になっていきましょう。

あなたをつくる細胞の輝きは、その奥にある生命エネルギーの輝きです。

恐れ、悲しみ、憎しみ、歪んだ頑固な思いを、瞑想で溶かすと、本質が現れてきます。

生命の源（本質）にアクセスして、そこへの信頼と愛を捧げます。

幸せになるため、源につながりそれを信じていきます。

あなたの人生が輝いてくるでしょう。

29
100

現代の人々の生活は、
陰陽のバランスが崩れています。
だから、無駄にするエネルギーが
多くなってしまうのです。
すべてのバランスを
整えていきましょう。

ヒマラヤの聖者は、自然の法則に学びました。

私たちは太陽と月、陰と陽のバランスによって生かされています。

ところが、現代の人々の生活は陰陽のバランスが崩れています。

陽に偏りすぎたり、陰に偏りすぎたり……。


何事もバランスをとって生きていきましょう。

心（マインド）を使い、無駄なもの、無駄な時間、無駄なエネルギーを使いすぎています。自分の内側を整えていくと、必要なことを必要な時間だけやれるようになります。

執着と欲望がなく、無駄のない生き方になります。


そして、一見無駄なことも、実はすべてが学びです。

何かを失敗しても、「ああ、感謝が足りなかった」「愛が足りなかった」と反省するのです。

お金をなくしても、「誰かが拾ってくれて、その人の生活に役立って良かった」と喜びましょう。


何事も、そういう風に考えていくことです。

30/100

「ありがとうございます」と
どんなことにも感謝します。
すると、良いエネルギーにつながり、
あらゆることと調和していくのです。

みんな自己防衛をしていて、心が一瞬一瞬、楽な生き方を選択しています。

例えば、人を嫌った方が楽なのです。嫌な人や意地悪な人を、ただ「意地悪」と非難した方が楽なのです。

しかし、「嫌い、嫌い」「嫌だ、嫌だ」といつも不平不満でいっぱいの心でいると、どんどん自分の中が荒れていきます。


疑うことも、つまりは「嫌い」ということです。

「NO」ということと同じなのです。

誰もが、嫌いな人には会いたくなくて、好きな人に会いたいものです。

良いエネルギーもまったく同じで、誰もがそちらへと向いていくものです。


いつまでも疑っていると、自分の中が荒れてくるのです。


どんなことでも「ありがとうございます」と感謝しましょう。

どんな人とも良い関係になり、調和していくのです。

そのためには、心を浄化して無心になることです。

すると、いつでも良いエネルギーにつながっていられるようになります。

31
100

悪い習慣や行為は、
体のエネルギーシステムを混乱させます。
瞑想はリセットすることです。
リセットし内側の混乱を
整えていきます。

悪い行為をすれば、心のどこかに罪の意識がありますから、体のどこかが、例えば内臓の機能とかがおかしくなります。

不規則な生活をしていれば、体のエネルギーシステムが混乱してしまいます。乱暴な生き方をしていると、いつか破綻するのです。

みんな、「自分はダメだ」「このままではダメだ」とか、自己否定が外れません。原因、結果、原因、結果……連綿とつながっていき、ストップがかけられないのです。エネルギーの混乱はCTスキャンで見ても、顕微鏡で見てもわかりません。心がきれいとか、頭が良いとか、性格が良いとか悪いとか、そういうことは、どのような画像にも映らないのです。

瞑想は、リセットすることです。リセットして、内側の混乱を整えていきます。そして、日々、良い心を使い、良い体の使い方をしていきます。善い行為が良い結果を生み、良いエネルギーが循環していくようになります。

瞑想はただ座るのではありません。潜在意識へのアプローチです。それをよく知る、悟りのマスターからのガイドを受けるとよいでしょう。潜在意識にはあなたの過去生からのさまざまなエネルギーが蓄積しています。それを安全に注意深く扱えるのが、ヒマラヤ聖者なのです。

32
100

良いエネルギーを
いただくためのスイッチが、
信仰する、愛するということです。
エゴや、好き嫌いを超えて、
純粋な愛が出てくるようにしましょう。

愛するということは、信じるということです。

神様を愛する、というところにスイッチが入ると、祝福をいただけるのです。

嫌いだと思うことは、「NO」であって、そこにスイッチは入りません。

愛するということは、スイッチON なのです。信じるというスイッチ、良いエネルギーをいただくというスイッチなのです。


あなたの内側の深いところに、愛の海があります。

心（マインド）を超えたところに、愛があります。

心を瞑想で浄めていくと、エゴや、好き嫌いを超え、無償の愛になっていきます。相手のために祈る、そういう愛に進化していきます。

あなたの意識を覚醒させ、純粋な愛が出てくるようにしましょう。

あなたが慈しみの愛を出していくなら、まわりの人もその波動を感じ、平和になっていきます。まわりの人が癒されれば、それだけで楽になっていくのです。


インドには「バクティヨガ」というものがあって、それは無条件に神様を信じるという、愛の実践です。神様を信じ、神様に捧げ、神様の喜ぶことをすることで、自らを浄めるのです。

そして祝福をいただき満たされるのです。

33
100

あなたが嫌いなところには、
生命エネルギーが滞っています。
まず、それを受け入れましょう。
良くしたいところには愛を送るのです。

例えば、「自分の目が嫌い」とか、「口元が嫌い」とか、嫌いだと思っているところには、嫌悪のエネルギーが滞っています。

まず、それをそのまま受け入れましょう。

そして、良くしたいところには愛を送ります。そうすると、目も良くなるし、耳も良くなるし、鼻も良くなるし、頭も良くなります。

心が良くなって、全部が良くなっていきます。

自分自身をしっかりと愛するのです。

自分を責めたり、自分に不平不満を持っていると、生命エネルギーは滞ってしまいます。うまくいっている自分は好きだけれど、失敗する自分は嫌いだとか、そういうことも良くありません。

あなたがさまざまな経験をしてきて、今の「あなた」というキャラクターがあります。

これまでのすべての出会いと経験に感謝し、愛を送りましょう。

しっかり自分自身を信じるとパワーが出ます。自分の深いところに魂があります。

それを信じるのです。

そうすることで、あなたは生命エネルギーにあふれて、どんな問題にも打ち勝つ、最高の人間になっていきます。万能の力を得ることができるのです。

34
100

私たちの内側には、
3つのエネルギーが混在しています。
その奥深いところに、
不変の存在があります。

お料理でも良い素材で作ると、そんなに味付けしなくても、しっかり美味しくなります。

利口そうに見せたり、きれいに見せたり、言葉を飾ったりしなくても、素材そのもの、つまり私たち自身のクオリティを良くしていけばいいのです。

そのためには、内側をしっかり整えていきます。


私たちは、宇宙を構成するのと同じ要素でできています。そこに加えて今までの心身の使い方、つまり人生の行為の結果（カルマ）が刻まれ、それがクオリティになっています。タマスという暗性のエネルギー、ラジャスという活動的なエネルギー、サットヴァという純粋なエネルギーがあり、それぞれの人のカルマに沿った割合で混在し、人となりを作っています。さらに日々の環境や心の傾向で3つのエネルギーのどれかが強く働いていくのです。

純粋であると軽やかに、あるいは怒ると激しく、否定的であるとどんよりしていたりと、さまざまに雰囲気が変わるといえます。

心は常に変わりやすいのです。

奥深いところに、不動で変わらないものがあります。

私たちの内側の深いところにある不動の存在は、平和であり、愛に満ちています。

そこにつながっていくと、自分をしっかりコントロールできるようになるのです。

35
100

きりがないほど問題があったとしても、
すべて解決できるのです。
あなたがしっかり掘り下げていけば、
智慧の泉に必ず到達するのです。

あなたは今日まで生きて、成長してきました。

人間には生老病死、つまり生まれ、老い、病気になり、死ぬ、という4つの苦しみがあるといいます。

人生は常に苦しみや悲しみが伴います。世界にも、社会にも常に不安があり、次から次へと問題が発生しています。仕事は？　人間関係は？　健康は？　老後は？　親や配偶者の介護の問題は？　いろいろきりがないほど問題があるものです。

しかし、たとえ問題があっても、すべて解決できる道があります。万能の道です。

その道を進むことで、自然に智慧が湧いて、愛が湧いて、解決策がどんどん湧いてきます。

まわりの人が解決してくれたり、うまく問題がおさまったり、そういうことが自然に起きてくるのです。


あなたは何も悩みのない人になることができるのです。

それが、ヒマラヤ秘教の「悟り」への道です。

あなたの内側には生命エネルギーの泉があるのです。智慧の泉、愛の泉があるのです。

あなたはヒマラヤ聖者の祝福を受け取ることで泉が湧き出る源の存在につながり、信頼によってそこから祝福をいただけるのです。

純粋なエネルギーの祝福をいただき、困難が自然に解決していくのです。

36

100

あなたを生かしている、
無限の生命エネルギーに出会うのです。
あなたの才能を伸ばし、
あなたを満たす力があります。

人は人生を豊かにしようと、いろいろなものを集めます。知識を集め、お金を集め、人間関係を増やして、体験を集め、成功や恋を求めてと、競って満ち足りようとします。

そこには、豊かさをもって自分を守っていこうという思いや、人と自分を比べて、相手に勝とうという思いなどがあります。それは一見豊かな感じであっても、ストレスがため込まれます。セルフィッシュな心はいつか破綻するのです。

あなたが生きるために本当に必要なことは、比べることや物や人とのやり取りではなく、物事の本質である内側の究極の源を体験しすべてを悟ることです。

そこからは、あなたを生かしめている生命エネルギーが無限に湧き上がってきます。

あなたは、人と比べて、不足を補うために何かを外に求め、それをくっつける必要はないのです。あなたの内側には、あなたの才能を伸ばし、すべてを満たす力があるのです。内側から幸せが満ちてきます。

「無知」というのは、源の本質、つまり本当の自分を知らないということです。

ヒマラヤ聖者のガイドで「本当の自分」につながり、その存在を信じ、さらに心身を浄めていくことで、あなたは深いところから満たされていくのです。

37
100

あなたが与えるものやエネルギーは、還ってくるエネルギーとなり受け取るものにもなります。自分から良いエネルギーを出していくと、執着が外れ、無限のパワーでどんどん豊かになるのです。

あなたが思いを出すと相手はそれを受け取り、出したものと同質のものを返してきます。それは宇宙の法則であり、今引き寄せの法則などともいわれています。感謝を出すと、感謝が返ってきます。愛を出すと、愛が返ってきます。

これは「カルマの法則」です。「カルマ」とは「行為」のこと。あなたが思ったこと、言葉にしたこと、行動したことのすべてがカルマです。それは潜在意識に記憶されていき、また将来それが欲望となって、行為を生み出します。自分の行為とその結果は、自分に還ってきます。過去の行いが、今のあなたを創っています。

カルマの法則は因縁の法則であり、原因と結果の法則です。今良いことをしても、過去に積んだカルマの影響で、すぐに良い結果にならないこともあります。

ですから、無欲で見返りを期待しないで良いエネルギーを出していくことが大切です。

愛されたいと思うなら、まず、あなたから無償の愛を与えましょう。

幸せを得たいなら、まず、自分から人を幸せにするのです。無限の愛の存在につながって与え、差し出します。

それは自分が満ちることであり、エネルギーが減ることではありません。無償の愛を与えながら、あなたは満たされ続けていくのです。それが悟りへの道です。自分から惜しみなく良いエネルギーを出すことで、豊かになることができるのです。

38
100

あなたは自分から差し出すと、
損だと思っていませんか？
差し出したものが還ってくるのが、
この宇宙のエネルギーの法則なのです。

私は、誰に対しても、自分からすぐに謝ってしまいます。

「あ、ごめんね。言いすぎたね」とか。

相手の不快感を早く解放させてあげたいと、すぐに謝ってしまうのです。

でも、みんな、なかなか謝れないようです。

以前、「夫婦喧嘩をして、何年もまったく口を利いていない」という方の話を聞いたことがあります。そこまで謝らないのも、逆にすごいエネルギーだと思います。

「申し訳ありません」と言うと、何かが減ってしまうと思っているのでしょうか？

謝ったら損だとか、感謝すると損だとか、愛を差し出すと損だとか、きっと、エネルギーが減ってしまうと思っているのでしょう。みんな、自分から差し出せば減ってしまう、と考えているようなのです。

しかし、減るものはエゴなのです。その代わりに本質が現れるのです。

出したものが還ってくるのが、エネルギーの法則です。

愛や感謝を出せば出すほど豊かになって、相手からも愛や感謝が自分に返ってくるのです。さらにエゴの心を捨てて純粋な心で源につながって無償の愛を捧げることで、あなたの無限の愛が開かれて、減るどころか内側からどんどん満たされるのです。

これはさらに進化した生き方で、悟りに向かっていくのです。

39
100

一人ひとりの平和が地球を変えます。
あなたが良いエネルギーを出すことで、
まわりの人々へと伝わっていき、
世の中に満ちていくのです。

本当のあなたは、あなたの奥深くにあり、それはカルマの曇りに覆われています。

その性質は平和であり、愛に満ち、叡智の存在です。

あなたの心と体を道具にして、あなたの本質である神性さを引き出し、それを広げていくことで世界の平和を作り出すことができるのです。

あなたが心を浄化して本質の良い波動を出すこと、美しい心になることで、それが隣の人に伝わり、その積み重ねの輪が広がっていきます。

あなたから広がる良いエネルギーが、平和で愛に満ちた世の中をつくっていくのです。


先祖も、家族も、友人も、みんなつながっています。

私たち一人ひとりが源につながり、内側を浄化して本質の平和を引き出していきます。

深いところですべてはつながっていますから、世界が平和になっていきます。

あなたの家族が平和になり愛に満たされると、そのまわりも変わりはじめます。


私たちの体は、宇宙と同じ素材でできています。

私たちの体の元素と、地球の元素はつながっています。

一人ひとりの波動が平和になっていけば、地球も平和になっていきます。私たち一人ひとりが地球の平和を願い、愛を願うことで、宇宙も平和になっていくのです。

40

100

「サマディ（涅槃）」からの祝福を与えています。そのエネルギーはあなたを変容させます。
さらに瞑想をして、
人間完成への道を進むのです。

「サマディ（涅槃）」とは究極の真理の悟りです。

人は何のために生まれてきたのか、誰が創造したのかなどを知るために、小宇宙である体と心を通して悟りを発見したのが、ヒマラヤ聖者です。

心も体も浄化してそれらを超え、究極のサマディに達し、源の存在である神と一体になって真理を悟ったのです。

魂、神になって悟ることで、充電して、心身の質が変容して生まれ変わります。

これが本当の自分を「悟る」ということなのです。

私はヒマラヤ秘境にて、7年間厳しい苦行をして究極のサマディを成就しました。

その後、インドの各地で、真理の証明と、人々への平和と愛の祝福のシェアのために、公開アンダーグラウンドサマディを行ってきました。

人々の見守る中、空気の遮断された地下窟で4日間、死を超え、深い瞑想状態に入り復活し、人々を祝福しました。

私はみなさんに「サマディ」のエネルギーの祝福を与え幸せにすることができるのです。

また瞑想秘法を伝授して瞑想を指導していきます。

私のところに集いみんなが楽に変容して進化できるようにしているのです。

第3章

人生を無駄にしないためのことば

41

100

現代の人々は外側で
一生懸命に競争しています。
それは素晴らしいこと
なのでしょうか？
それはエゴによって、
命と人生を消耗させる生き方です。

人は本来、どうあるべきなのでしょうか。

物をたくさん持っていると素晴らしいのでしょうか？

肩書や知識がたくさんあると素晴らしいのでしょうか？


現代の人々は外側で、競争しています。

人間は身体能力、潜在能力をどこまでも高めることができます。

しかし、やはりその能力を与えてくれる源の存在に出会っていかないと、結局はエゴによってカルマを積み、人生を消耗して混乱したり老化してしまいます。


命の根源、私たちを生かしてくれている存在、その見えないところから私たちは送られてきました。すべてを創り出す創造の源から、心をいただき、体をいただきました。

人は自分の心に気づいていません。他人の心も見えているようで、正しくは見えていません。

あくまでも、自分の価値観で見ているのです。


ヒマラヤの教えは価値観を浄化してそれを超え、真理を悟るための実践のある学びです。

そして実践で素晴らしい心と体になり、魂に出会い、真理に出会い、最高の人間になるのです。

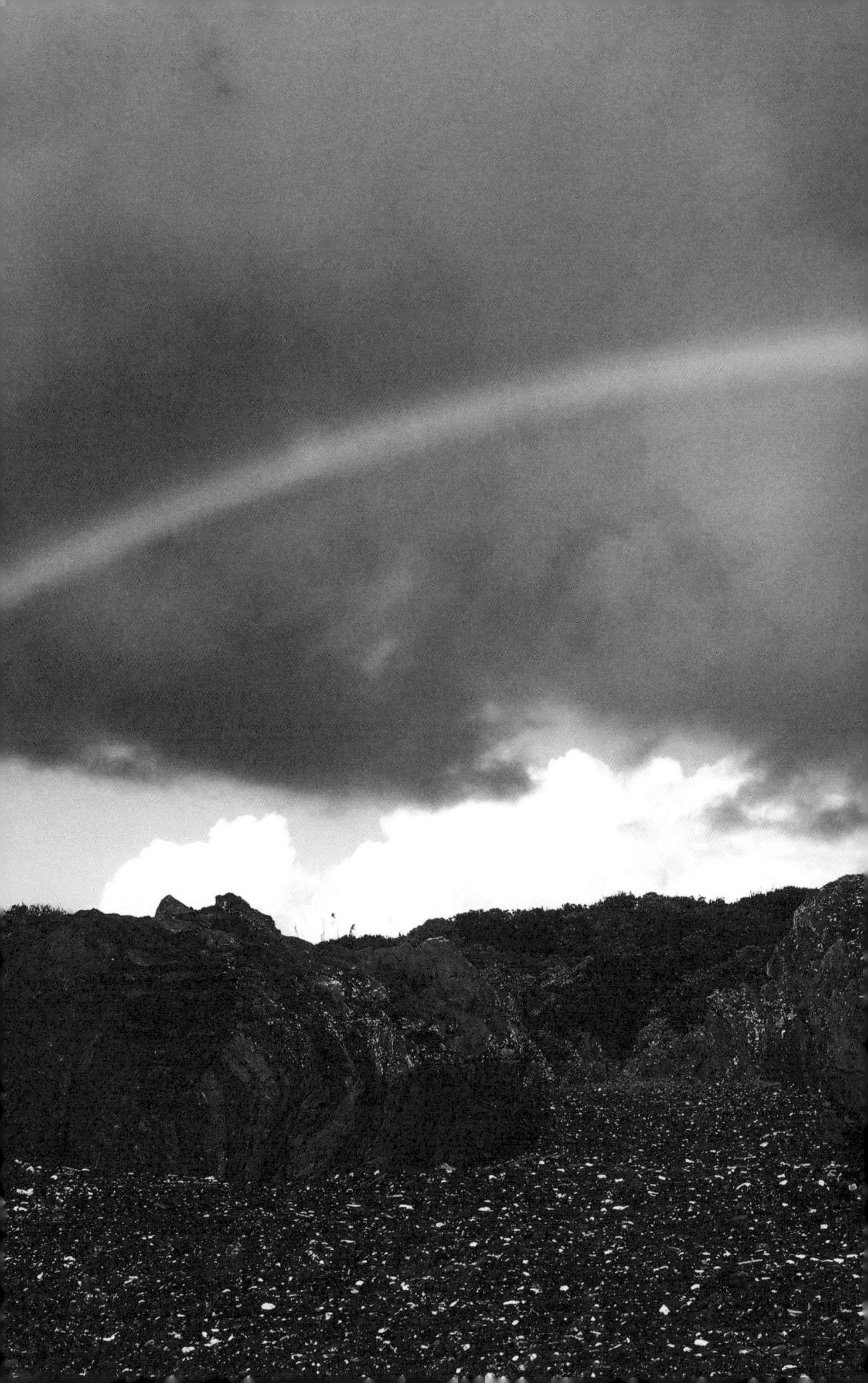

42

100

私たちは一生懸命勉強してきましたが、
自分のクオリティを良くする
学びに出会っていません。
人間性を高めていき、
見えないところこそ
磨かなければなりません。

私たちは一生懸命勉強して、成長しようとし、人の目に見えるところをきれいにします。知識を身につけ、きれいな言葉を使い、化粧をして美しくなろうとします。

一方、見えないところをきれいにしていくのが、私が教えている「ヒマラヤシッダー瞑想」です。

「性格悪くても生きていけるし……」「見えないところまできれいにする必要あるの？」、そんな声が聞こえてきそうです。みんな自分にくっついているものや、こだわりにとらわれ自分がどういう性格なのか、わからないのです。

重いものも長い間くっつけていると、つらいことが普通になってきます。

次第に受け入れ、マヒして鈍感になり、重くても、つらくても気づかずに「人生はこんなものか」と諦めています。

しかし、人間は動物と違って本当の進化への道があります。

ヒマラヤ聖者が発見したその道を歩むことができるのです。

一生懸命学校で勉強しても、自分のクオリティを良くする学びを教え、根本から変容させてくれるところはありませんし、自分でもできません。

自分のクオリティを上げていく、それは人間性を高め、悟っていくということです。

自分のクオリティ、見えないところをきれいにしていけば、至福が訪れてくるのです。

43
100

心の苦しみはすごく重いのです。
しかし、当たり前になってしまうと、
感じられなくなってしまいます。
そして、外すまで
その重さがわからないのです。

あまりに心（マインド）が働きすぎると、ストレスが当たり前になって、何も感じなくなってしまいます。

しかし心を浄化して静寂を得ていくと、何の思いも浮かばない安らぎがあることに気づいてきます。

今までいろいろなものをくっつけていて、混乱してあれこれ考えていたことがよくわかるのです。くっついているときは、それと一体になっているのでわかりません。


例えば、体重が70kgある人が、10年も生活していれば、改めてその重さを感じることもないでしょう。しかし、急に10kgやせたとしたら、きっとものすごく体を軽く感じます。10kgもの荷物を背負っていたら、下ろしたときにその軽さがわかるのです。

心の苦しみというものは、実はすごく重いのです。エネルギーがダウンしてしまい、やがて立ち上がる元気を失ってしまうほどです。


しかし、「ヒマラヤシッダー瞑想」を体験し浄化していくと、心の執着や混乱や苦しみがなくなるので、もう空を飛ぶような感じになります。エネルギーもどんどん満ちてきて、みんなを受け入れ愛する気持ちが自然に湧き上がってくるようになるのです。

変容は頭で理解できず、実際に浄化されてわかるのです。

44
100

自分が自分の
マスターになりましょう。
世間の価値観に惑わされず、
自分の内側からの声に、
しっかりと耳を傾けましょう。

私たちは、子供の頃から一生懸命たくさんのことを勉強してきました。本を読んだり、講義を聞いたり、学校でも、社会に出てからもずっと勉強してきました。でも、これまであなたが勉強してきたことは、ほとんどが誰かの体験、誰かの知識なのです。

それに気づいたことはありますか？
私たちは日々、他人の体験や知識に翻弄されて生活しているのです。
なかには、私たちを混乱に陥らせるような情報もあるでしょう。
この時代、情報が氾濫しています。そして、あなたを助ける情報よりも、過剰に心配させる情報の方が多いのではないでしょうか。

世間の価値観ではなく、自分の深いところからの声に耳を傾けましょう。
人と比較したり、競争したりする必要はなく、心を浄化して、本質につながり、本質からの叡智や愛につながって、あなたがすでに持っているものを生かせばいいのです。

自分が自分のマスターになるのです。

あなたの中には源の存在、「本当の自分」が存在しているのですから。

45
100

知識というものは、
あくまでも借りものにすぎません。
何事も自分自身で体験して、
悟っていくのが人生なのです。

心というのは、過去から現在へ連綿とつながっています。

もちろん、いろいろ体験し、失敗は二度とくり返さないようにと、学びはあったと思うのです。

そのような学びによって、新しいことに挑戦する勇気も湧いてくるものです。


しかし、一方であまり過去の考えや常識に縛られてしまうと、それを乗り越えることができなくなります。

むしろ真っ白な、純粋な、素直な気持ちで対面していくことで、どういう心の使い方をしたらいいのかがわかってくるのです。

人の知識というのは、あくまでも借りものにすぎません。叡智はあなたのエゴを超えたところにあり、それは体験しないとわかりません。


自分自身でわかる、「悟る」ということをしていきましょう。

自分が今日まで学んできた価値観という「色眼鏡」を外し、純粋な目で一つひとつの物事を見ていきます。純粋な心で見ると、すべてのものが素晴らしく見えます。

自分の心の曇りが取れて純粋になると、自分の体が輝いてきます。その奥にある真理、叡智が湧き出てきます。そこには無限の愛があり、無限の生命力があり、ものすごくパワフルな人になるのです。

46

100

まわりに振り回されて、
人生を終わらせないでください。
私たちは可能性に満ちた存在で、
自分の内側には無限の力があります。

日々起きていることは、私たちの欲望の思いだけで動いているのではありません。

いろいろなエネルギーによって引き起こされている状況です。

そうやってさまざまなものに振り回されて、人生の時間はどんどん過ぎていくことになります。


だから、みんな、混乱してしまうのです。

正しく判断せずに、疑いの目や、批判の目で見たり、希望を持たず、恐れを抱いて見たり……。それがもう自動的になっているので、自分がどんな目で見ているのかがわかりません。

それは、ものすごくエネルギーを消耗することです。小さく縮こまって、疑いの心や、競争の心で行動しているのです。

ただただ生命エネルギーを食いつぶす生き方です。

私たちは可能性に満ちた存在ですが、自分の内側は見ることができずに、相手や現象の外側だけを見て判断して、それに振り回されています。

真理の目を覚醒させて、自分の内側がわかると、どうしたら良いかが自然にわかっていきます。

あなたの中に眠る叡智が開かれていくのです。

47
100

「思い」というのも、
一つの行為なのです。
だから、悪い思いには悪い結果が、
良い思いには良い結果が出るのです。

心と体も宇宙の素材でできています。その心と体が良い方向に活動していくように、私たちの思いと行為を反省しましょう。

正しい使い方をしているでしょうか？　自然な使い方をしているでしょうか？


これまでは、無意識のうちに心と体を使っていました。欲望で使っていたのです。

そういうことを見直す時期が来ています。

もっと宇宙的な愛で、この体と心を使いましょう。

その結果が、この社会を作るのです。


私たちの行為に気づいていく必要があります。行為をすれば、必ず結果が出ます。

良い結果かもしれないし、悪い結果かもしれません……。

思いというのも、一つの行為です。悪いことを考えたら、悪いことが、良いことを考えたら、良いことが起きます。


それが宇宙の法則です。原因があって、結果があります。

これをヒマラヤ秘教では「カルマの法則」といいます。仏教的な言葉では「因縁の法則」です。思いは見えないところにあります。記憶から発生します。

それらを浄化してカルマを変え、良い思いにしていくのがヒマラヤ秘教なのです。

48
100

善い行為をしたら、
良い結果が出ます。
それがまた良い「カルマ」となって、
善い行為につながり、
良い結果を招きます。
そのような連鎖が、
良い運命を作り上げていくのです。

「カルマ」というのは、思い、言葉、行動といったすべての行為のことです。善い行為をしたら、良い結果が出ます。悪い行為をしたら、悪い結果が出ます。これが「カルマの法則」です。

この「カルマの法則」を信じ、善い行為をしていけば、必ず運命は開かれます。どんなに悪い状況に陥っても、あなたの生きる力と、心と体は「カルマの法則」で動いているのです。善い行為が良い結果を作り、それがまた良い「カルマ」となって、善い行為につながり、良い結果を招きます。そのような善い行為と良い結果の連鎖が、良い運命を作り上げていくのです。

では、良い「カルマ」というものは、何でしょうか?

それは、自分だけが喜ぶセルフィッシュな「カルマ」ではなくて、調和が図られ、人を傷つけない、愛を持った行為です。

「自分さえ気持ち良ければいい」というのは、自分勝手な行為です。また、全体が見えていないと、自分が勝てば気持ち良く、人が傷ついていても気づきません。

みんなが自然になって、自然の法則に学んでいきましょう。

エゴに気づいていくのです。無心になります。

心(マインド)を外して、無心になったとき、自然の力が働くようになるのです。

そして無償の愛、宇宙的な愛での行為をしていくということです。

49
100

大病をしたり、事故に遭ったり、
大きな災難に出くわしたり、
心が極限になったときに、
ようやく大事なものに気づくものです。

みんな普段は、よく考えるとそんなに大事でないものに、ものすごく執着しています。いろいろなこだわりがあるのです。お金へのこだわりが異常に強かったり、とにかく外側の美しさを追求したり……。

頭の中には、さまざまなデータが入り乱れています。

くだらないこともいっぱいあります。


ところが、大病をしたり、事故に遭ったり、大きな災難に出くわしたりと、心が極限になったとき、はじめて大事なものが何かという考えに及ぶのです。

そして、自分が普段していた執着が、いかにつまらないものであったかということにも気づきます。


そうなる前に、普段から、何が大切なのかについて、気づいていくのです。

いろいろ体験するために心と体が元気に機能していくのが良いのです。

ヒマラヤ秘教の教えは、単に肉体と心を磨くのではなくその奥にある見えない力を発見し、引き出していきます。

自分の内側をきれいに、純粋にしていき、その奥に働く神の力を得ていきます。

さらに叡智と生命エネルギーを引き出し、それが心身に満ちて楽になってくるのです。

50

100

私たちはどんなことも克服できます。
ストレスを感じ苦しくなったり、
不安や恐れを感じて揺れる心を、
希望に変えていきましょう。

困難な時代ほど、いかに生きるかが大切です。

宇宙を創造した存在があります。人はそれを神と名付けました。ヒマラヤ聖者は苦行による究極のサマディで、真理を悟ったのです。

今、サマディパワーであなたを神につなげます。

あなたは、神を信じて慈愛を出して、まわりの人を助けていきます。

そうすれば、命の働きが広がって、自分もまわりの人も助けられます。

ストレスを感じ苦しい気持ちになったり、心配してしまったり、「これから社会がどうなっていくのか」とか、「仕事を失うのではないのか」などと考えていると、心は落ち着かなくなります。

不安や恐れを感じる言葉、「恐慌が起きる」とか、「経済が破綻する」とか、そうしたことばかり聞いていると、心は揺れてしまいます。

そして、どんどん命の働きを食いつぶしてしまうのです。

もっと希望につなげていきましょう。

私たちには生きる力が与えられています。どんなことも克服できるのです。サマディパワーへの信頼で生命エネルギーが輝いて、禍を乗り越えることもできるのです。

51
100

カルマを浄化する必要があります。
あなたのキャラクターを決め、
人生の設計図になり未来を決めるのも、
カルマなのですから。

人の内側には、これまでの体験、思い、言葉の記憶が蓄積されています。これを「カルマ」といいます。行為をカルマといいますが、その記憶もカルマといいます。それが心身に刻まれ、あなたのキャラクターになっています。カルマは人生の設計図ともなり、あなたの運命を決め、未来を決めていきます。

カルマはあなたの心の中だけでなく、宇宙空間にもエネルギーとして記憶されます。一人ひとりの心が平和なら、宇宙空間にも平和が満ちていくのです。

カルマは同じ種類の波動を引き寄せる性質があります。良い行いをすれば未来に良い結果を招き、悪いことをすれば悪い結果を招きます。

過去生と今生の長い年月の間に、人の心には膨大なカルマが蓄積されます。その混沌とした心の曇りに覆われて、源にある神秘の存在が見えなくなっているのです。「ヒマラヤシッダー瞑想」には、この膨大なカルマを溶かし、心の曇りを払うパワーがあります。心を空っぽにして、偉大な見えない存在からの智慧を引き出せるようになります。

それは、過去・現在・未来をも変える力になるのです。

52
100

死んだときに後悔しても、
もう遅いのです。
悪いことをしていたら、
暗い、重い世界へ沈んでしまうのです。

「何をやっても、死んだら全部許してもらえるからいいよ！」

そんなことはありません。

死んだら何もわからないから何をやってもいい、という考え方も間違っています。

誰かを恨んでいたり、不平不満でいっぱいだったり、そういう重いエネルギーは、暗い、重い世界へと沈んでしまいます。

死んだときに後悔しても、もう遅いのです。


みんな、良いエネルギーになって、天国へ行きたいでしょう。

死んだときに後悔しないようにしたいものです。

体があるときしか、自分の内側は浄められません。


「終活」という言葉がありますが、本当の意味で身辺整理をしてから死なないと、家族にも迷惑をかけてしまいます。

あなたにもし子供がいるのなら、あなたが良いエネルギーになることで、あなたの存在そのものが子供に勇気を与えるようになります。


命は脈々とつながっているのです。

53
100

相手ではなく自分を変えるのです。
「本当の自分」が目覚めると、
何事にもとらわれなくなり、
生き方も変わっていきます。

誰もが、自分の価値観が正しいと思い込んでいます。

そして、相手には「こうなって欲しい」と、変わっていくことを期待しています。でも、いくら期待しても、自分の思いで相手を変えることはできません。

まず、あなたが変わることです。自分が変わることで、相手もそれを受けて変わることがあります。

しかし、自分で自分を変えることも、とても難しいのです。

私たちは、「わかっちゃいるけどやめられない」心の癖をたくさん持っています。

本を読んでわかったつもりになっても、またすぐに元に戻ってしまいます。


「カルマ」と呼ばれる、心の癖やこだわりを落とし、本来のあなたを輝かせる……。

ヒマラヤの教えには、本質の自分へと自分を変えていく智慧と実践法があります。サマディマスターから、「ディクシャ」という秘法伝授で生命エネルギーの源につなげていただくと、どんどん癖やこだわりが外れエゴが落ち、カルマが浄まっていきます。

そして、長い修行を経て、あなたは本質の、「本当の自分」に生まれ変わっていくのです。

「ディクシャ」をいただくと「本当の自分」が目覚め、そこにつながることができます。

何事にもとらわれなくなり、利己的な思いは減り、自分のためだけでなく人を助ける生き方に切り替わります。

54
100

私たちは学ぶために、
この世界に生まれてきました。
混迷を深める現代において、
私たちはどのように
生きればいいのでしょう？

世界中が混沌とし、経済社会も混乱し、みなさんの気持ちも混乱し、落ち込んでいます。

このような時代において、私たちはどうしたらいいのでしょうか？

私たちは学ぶために生まれてきたのです。この体も心も、外側の世界も、常に変化し、動と静を繰り返しています。しかし、そういうところから学びをいただき、もっと大きな心になって、状況を鳥瞰し振り回されず、みんなに勇気を与えられる存在になっていただきたいと思います。それは真の成長であり、誰にでも可能なのです。

そのためには、まず、混乱した自分の心を鎮めます。瞑想というのは、心を空っぽにすること、何もしないことです。そして、この体を輝かせていきます。もっと調和を図るようにして、積極的にストレスを取っていきます。そのためには、どういう呼吸をしたら良いのでしょう。どういう体の動きをしたら良いのでしょう。どういう心を使ったら良いのでしょうか。

深いところからバランスをとっていくのが、真のヨガです。トータルにバランスをとっていきます。そしてその中心の修行法が「ヒマラヤシッダー瞑想」なのです。

55
100

自分を高めていく教えが
必要な時代です。
姑息な生き方ではなく、
もっともっと大きな生き方を、
宇宙の法則に則った
生き方をしていきましょう。

人生では、何かをして時間をつぶしていきます。定年退職をすると暇を持て余す人もいるでしょう。

真の幸せになる道、悟りへの道を歩むとよいのです。

良いことに時間を割いて、自分を高めていくのです。

まわりの人も苦しんでいます。「みんなに、幸せになっていただきたい」と、慈愛から優しい言葉をかけるようにしましょう。

あなたの生き方を見て、自分もそういう生き方がしたい、という人が増えていきます。祈りや瞑想で、純粋な源につながり、慈愛と叡智をもって平和な生き方をしていきましょう。自分の体験から身についた利己的な生き方ではなく、宇宙の法則に則った慈愛をシェアする生き方をしていくのです。

世の中の情報は、生活の便利さや快適さを提供します。そして娯楽や快楽が満ちています。そういう情報は最小限でいいのです。良い商品が出たというような情報や、楽しみの情報に振り回されていると、あっという間に人生を終えてしまいます。それらを手に入れ一時的に豊かになった気がしますが、深いところが満ちないのです。これからの時代は、そうではなく、自分を完成させていく、最高の人間になっていくための教えが必要なのです。

56
100

人には3つの生き方が混在しています。
パワーを分かち合う人に、
愛を分かち合う人に、
平和を分かち合う人になりましょう。

人には、3つの生き方があります。

1つ目は、生まれながらに純粋な人の生き方です。純粋なまま、ずっと生きていけたなら、それは素晴らしいことです。奉仕をしていきます。捧げる生き方です。

2つ目は、「ギブ&テイク」の生き方。何かを差し出して、何かをまた返してもらうという生き方です。これは普通の生き方です。この生き方をさらに進化させていくのがいいでしょう。

3つ目は、太陽のように与える生き方。

奪われて「悔しい」とか、取られたから「嫌」ではなく、源につながり、差し出していきます。そのことで執着を取り、欲を取っていき、浄める修行をして、太陽のように、与える生き方を目指していきます。

人は、その人のレベルとキャラクターによって、この3つの生き方を混在させて生きています。欲を出して、いろいろ抱え込んでも、死ぬときには何も持って行けません。できるだけ、高い次元の人間になっていきましょう。

パワーを分かち合う人、愛を分かち合う人、平和を分かち合う人になっていきます。そのためには、「カルマ」を浄めるヒマラヤの修行、「ヒマラヤシッダー瞑想」をしていくと良いのです。

57/100

自分の成功ではなく、
相手の成功を願うのです。
心をきれいにして、比較しない心、
思いやりの心になっていくと、
何事も成功していくようになります。

今までの成功法は、自分の成功だけを考えていたのではないでしょうか。自分だけはうまくいくように、たとえ相手を引きずり下ろしてでも、レースには勝たなければいけない、と思っていたのではないでしょうか。

これからはそうではなく、相手の成功を願うのです。心をきれいにして、比較しない心、思いやりの心になると、何事も成功していくようになります。

「ヒマラヤシッダー瞑想」をして、宇宙の法則につながっていくと、自分という小さな枠を超えて、みんなの役に立つ、みんなが喜ぶようなクリエイティブなアイデアが湧いてくるのです。そのアイデアを実現していくと、みんなに喜ばれ、愛されます。例えば、何か発明したとすれば、みんながそれを愛して購入し、経済的にも豊かになって、成功をもたらします。

成功の形にはいろいろあると思いますが、あなたの本当にやりたかった願いを叶えることも、人生の一つの成功です。さらに、気づきを深め、人に迷惑をかけず、命を輝かせていきます。そして自分を愛し、まわりの人を愛することができる人格になります。それは自己の悟りによってもたらされる、より豊かな成功なのです。

調和のとれた人間になっていくこと。慈愛をシェアし人格が高まっていくこと。そういう成長こそが、真の成功なのです。

58

100

世の中がせちがらくなり、毎日忙しく、
大きなストレスを
抱えているからでしょう。
大切な本能まで狂ってしまっています。
「ヒマラヤシッダー瞑想」で
正しい生き方を！

人間には、本能的に慈愛があります。慈愛によって、子供を育てます。母親には、そういう慈愛が大きくしっかりとあるのです。

ところが今は、お母さんが小さな子供に毎日のように暴力をふるう、そんな事件が起きてしまっています。世の中がせちがらくなり、毎日が忙しくなり、大きなストレスを抱え心が疲弊して、何かが損なわれていくのでしょう。おじいちゃん、おばあちゃんも近くにいなかったり、母親一人で何もかもやらなければならなかったり、生きるのが大変になっているのです。

昔は、畑でとれた作物を食べることもできましたが、今はあらゆるものにお金がかかります。電話、ガス、水道……、定期的に引き落とされるお金も膨大です。そして、競争社会で勉強ばかりして、人と人とがどう付き合うかを勉強していません。家族が多ければ自然に学べたりもするのですが、子供も少なく、そういう勉強ができていません。外で自然に遊ぶこともまれで、便利な一方で、いろいろと不自然になっているのです。ですから、誰もが、大切な本能までも狂ってしまっています。

正しい日常生活と「ヒマラヤシッダー瞑想」で、内側をきれいにし、自然な人になっていきます。それは悟りを得ていくことであり、その途上でいろいろな問題が解決して成功にいたり、生きるのが楽になるのです。

59
100

みんなが道に迷っています。
自分の家に帰りましょう。
愛も、パワーも、エネルギーも、
自分の家にちゃんとあるのです。

真理というものは、みんながそこに帰っていく本当の家です。

それは、私たちの中にある「本当の自分」です。

「カム・バック・ホーム！」

みんな、宇宙の源を出てからこの地球に送られ、道に迷い、帰れなくなっています。

愛も、パワーも、エネルギーも、源の家にあるのに、そこに帰れないから、不安でいろいろかき集めてそれに依存してしまうのです。

友達の親切や、親の援助をいつまでもあてにはできません。そこに執着していると、彼らを疲弊させてしまいます。源は神様であり永遠の存在で、死なない存在なのです。つまり、あなたの中の源に死なない存在があって、そこにつながれれば、もう怖くはないのです。


すべてが学びです。この人生を無駄にしないようにしましょう。

祈りと瞑想を取り入れて、あなたの行為を正していきましょう。

心と体を汚すのではなく、輝かせる、善い行為をするのです。さらに瞑想をして内側のカルマを浄化し、源の真理に達していきます。

あなたを悟りの人へと完成させていくのです。

60
100

自然の浄化作用が追いつかないほど、
人間のエゴが積み重なって、
世界をどんどん汚して、
地球環境が破壊されています。

自然は元々すごく純粋で、素晴らしい見事な浄化作用を持っています。しかし、今はそれが追いつかないほど、人間のエゴが世界を汚しています。みんなが「欲しい！」「欲しい！」と訴え、いろいろなものが作られて、そのために環境が破壊されています。さらにそれらがいらなくなるとゴミとなり、ゴミが増え続け、地球をどんどん汚しています。

かつてインドなどでは、牛の糞を壁に貼り付け、それが石炭のようになると、食事の支度にも使われていました。

人間社会が複雑になりすぎています。同じように、人の心も複雑になりすぎています。環境がどんどん破壊され、地球は痛めつけられています。地球を本当にきれいにしていくにはどうすればいいのか、みんなが真剣に考えていかなければならない時期なのです。そのために何が正しいのか、正しい感覚を取り戻さなければなりません。エゴの心では自然に対する愛も失われています。

エゴを浄化して、それを超える純粋な愛に目覚めさせます。そうして愛をもって地球に向き合う人が増えることで、少しずつ変わり始めるでしょう。

第4章

満ち足りた、不動の心になるためのことば

61
100

現代人は心を駆使するばかりで、
どのように休ませたら
いいのかわかりません。
瞑想して心を休めてください。
ストレスの軽減のためにも。

私たちの内側のシステムはどうなっているのでしょう。感覚があり、感情があり、記憶があり、考える力、さらに智慧があり、意識があります。そして心の記憶にはいろいろな情報があり、知識がたくさん詰まり、また体験の記憶が詰まっています。それらを使って、心を強め、競争に打ち勝とうとしています。

自己啓発などでは、いろいろな欲望を達成するために、アファメーション（肯定的な言葉による自己暗示）や「引き寄せ」の術により、心を操作する方法もあるようです。これらの方法も心にエネルギーを注いで心を駆使するばかりで、どうやってクオリティを高めたり、調和を図ったり休めたらいいのか、わからないのです。または、使いすぎはわかっていても、どうにもやめられない。その結果、多くの人々が仕事で気や頭を使いすぎ、自律神経失調症や鬱になったりしています。ですから、最近は企業が社員のストレス軽減やメンタルヘルスのために、瞑想を取り入れていると聞きます。

瞑想の源流は、ヒマラヤ秘教の各種ヒマラヤシッダー瞑想です。仏教でいう「禅」や「マインドフルネス」も一種の瞑想です。でもそれは「悟り」への道とはいえないのです。やはり心と体とエネルギーをトータルに浄め、深い静寂を得るためには、悟りを得たマスターのガイドがあるとよいでしょう。深い休息を得て、真理がわかり、変容して生まれ変わることができるのです。

62

100

病気さえも、
ありがたいことなのです。
何かが間違っているから、
不調になるのであり、
自分を見直すきっかけになります。
そして、ありがたい気づきが
生まれるのです。

人は一生懸命、良い生き方を探して生きているようでも、心（マインド）にとらわれてしまい、こだわりが生まれ、遠回りしているのです。

こだわりが強いと、すごく疲れるものです。常にエゴの欲望や自己防衛が働いて、ブレーキを自分でかけながら、走っているようなものです。

鎖につながれながら、懸命に前に進もうとしている状況なのです。

瞑想で、心を解放して、無心に、自由に羽ばたいていくのが良いのです。

この体があるということは、素晴らしいことです。

病気になることさえ、ありがたいことなのです。

何かが間違っているから不調になるのであり、自分を見直すきっかけになります。

何もかも全部がうまくいっていたら、自分自身のことを見つめなくなってしまいます。

「何だろう」と違和感を覚えたときに、そこから気づきが生まれます。

病気に気づいたら焦らないことも大切です。

今にいて、いろいろな心配な思いと離れることです。

そして、エネルギーを消耗するのではなく満たされることをやっていくのです。

63
100

外見や、豊かであるかどうかなど、
違いはあっても
人間は大して変わりません。
ですから、
相手をしっかり尊敬しましょう。
お互いに原因があって、
諍いや争いが起こるのです。

物質的に恵まれた人そうでない人、社会的地位のある人ない人、教養がある人ない人と、人にはいろいろな違いがあります。しかし真の完成はまだなのです。人は外見の優劣で測るものではないのです。一見物をよく知っていたり、社会的地位があっても、人間性については、また別の修行が必要なのです。真の完成はまだなのです。

真理を悟っていくことで、人間性の質が高められます。

そういう意味では完成された人などいないのです。どんな人でも大して変わりません。自分が変わることで、相手を変えることができます。そのような愛を持つようにしていくとよいのです。近い人間関係で仲がいいときもありますが、つい礼儀を欠いたり、態度がぞんざいになったりすることもあります。

ご夫婦の関係でも、喧嘩になることがあるでしょう。そこに自分の隠していたエゴが現れます。それが学びです。お互いに相手に対する思いやりがなく、お互いの中に原因になることが存在します。

互いに相手の欠点やクオリティを見て、ああだこうだと思うのではなく、相手の中に神があるとしてしっかり尊敬しましょう。

そして相手のあるがままを受け入れて、自分を変える機会に感謝して「自分が変わって関係を進化させる」という心構えで、対応していくといいのです。

64

100

疲れるというのは
思い込みにすぎません。
車を使わないで歩いて行けば、
足腰が丈夫になるように、
自分を信じ感謝の心でいれば、
力がついていくのです。

私にとっての家族は、弟子たちと、たくさんの会員さんたちです。みんなで、愛を勉強しています。それは源につながる、宇宙的な愛です。そのような無償の愛を勉強して、助け合うことを学んでいます。

心を使って、愛とパワーをたくさん出すと疲れてしまうかもしれません。しかし、私の会では、源の存在にアクセスできるようになり、そこにある無限のパワーと無限の愛をいただくので、出せば出すほど元気になります。無限の愛につながって、身体を道具として捧げると、エネルギーが流れ込んでくるのです。

「何かをやったら疲れる」というのは、実は心の思い込みにすぎません。心を超えて無限の愛につながれば、出せば出すほど元気になり、鍛えられます。車を使わずに無心で足で歩けば、足腰が丈夫になるように、どんなことでも感謝をもって、自分を信じてやっていくと、源からの力を引き出して力がついてきます。そのためには、内側を浄化して源につながる祈りと瞑想を暮らしの中に取り入れるといいのです。

65
100

氾濫する情報に
心を惑わされ不安になりがちです。
ストレスを作らず、
勇気をもって生きましょう。
危機のときほど大きな学びがあります。

毎日、いろいろなニュースが入ってきます。

仕事への心配、お金に対する心配、将来への不安……。

数限りない情報に心を惑わされ、つい不安に震えてしまいがちです。


私たちはここから学び、そして、これから勇気をもって生きていくのです。危機のときほど、私たちは大きな学びをいただいています。

病気も、自分の心と体の使い方や、生き方を見直すきっかけになるのです。


日ごろから気づきをもってストレスを作らない心の使い方をします。

生命エネルギーが引き出され、免疫力がどんどん高まります。


常に正しい心を持ちます。

ヒマラヤ秘教には、まず日常生活の修行として、ヤマという禁じる戒めと、ニヤマという勧める戒めがあります。簡単に言いますと、人を傷つけない、自分を傷つけない生き方をしましょう、ということです。

自分を信頼し、自分を愛し、まわりに感謝をして、ストレスを感じない生き方をしていく。

そうすることでエネルギーが無駄に使われずに、真理に向かうことができるのです。

66

100

メディアやＳＮＳなどで、
みんなが迷いと葛藤、
不平不満をまき散らしていると、
世の中が毒だらけになってしまいます。
そろそろ次の進化へと向かいましょう。

よく企業では、「社員一丸となって」「全社員が一つになって」などと言いますが、一人ひとりの内側は、いつも思いがあちらこちらに向かい、葛藤しているものです。こちらに進もう……、いや、あちらに進もう……。

できない……、つまらない……、嫌だ……、疲れた……。

心はいつも迷いと葛藤、不平不満だらけです。

今はSNSなど、人が心の思いを社会に発信するツールがあります。心のつぶやきを言いたい放題まき散らしていくと、世の中は毒だらけになってしまいます。

みんなそれぞれやり方が違うし、自分のやり方が正しいと思っています。

人の意見にすぐ傷ついてしまう人もいれば、ガーッと強く言いすぎて「出る杭は打たれる」ような人もいます。

また、心というものは、出たり引っ込んだりをくり返すものなのです。

ずっと引っ込みっぱなしの人は、鬱になってしまいますし、攻撃的な性格の人は、攻撃ばかりして……。

どうしたらいいのでしょうか?

私たちは、内側を整えていく、次の進化のレベルに行かなければなりません。

内側の静寂につながる。そこに希望があるのです。

67
100

心（マインド）の使いすぎに
注意しましょう。
情報が氾濫している今の世の中では、
どういう風に心を
コントロールしたらいいのか、
みんな、わからなくなっています。

世間には心（マインド）の欲望が刺激される情報がたくさんあります。何々体験のおすすめ、何々という商品のお知らせ、ここへ遊びに行くと楽しいですよ。いつも、あらゆる情報があふれかえっているのです。

いつも、そのように幸せを求めて心（マインド）を使っていると、緊張が取れなかったり、疲れすぎたりして、夜寝ただけでは回復しなくなります。

そうなるとイライラして人を攻撃したり、自分を責め、反省しすぎるあまり具合が悪くなったりしてしまいます。

どういう風に心をコントロールしたらいいのか、わからなくなっているのです。

むしろ、求めるより、自分の内側を平和に空っぽで満たすことが最も幸せなことなのです。ヒマラヤ秘教は、マインドを静かにして、それを超えて、不動の存在を悟っていく、真の休息を得るのです。

通常、幸せになるために心がいろいろ求めますが、物をたくさん集めても満たされず幸せにはならないのです。心がいっぱいになって曇り色目鏡を掛けて周りを見ていることになり、正しく見られない、そして進化がなくなるのです。

心の曇りを取ることで、源の不動のところに還り、自由になるのが最高の幸せなのです。

68

100

虚勢を張って生きるのではなく、
内なる源の存在とつながって、
深いところから自信に満ち満ちて、
輝いて生きてほしいのです。

インドでは何も持たない修行者を見かけますが、その方々は明るいすっきりした表情をしています。また貧しい人々でも自信にあふれた顔をしています。

それは、やはり真理に、神様につながっているからなのです。


日本はすごく豊かな国ですが、今の日本人には何かが足りません。

もっときれいに、純粋になっていただきたいのです。

本当は淋しかったり、悲しかったりするのを隠し、虚勢を張って生きていくのではなく、深いところから自信にあふれ、輝いて生きてほしいのです。


そのために、最も大切なものが愛です。私たちの内側の深いところには、あふれる愛の海があります。

それは源の存在であり、あなたを生かしている存在でもあり、すべてを知っている存在でもあります。

その生命エネルギーとつながり、「本当の自分」に目覚めると、あなたは自分らしく自信に満ちて生きられます。

「私たちを生かしてくれている、源の力を目覚めさせる」ことが、何よりも重要なのです。

69
100

自分が変われば
すべてが変わります。
見えるところを変えるのではなく、
見えないところを浄めることで、
自分のエネルギーが自然に変わり、
周りも変わるのです。

「ヒマラヤシッダー瞑想」をはじめた方々から、多くの嬉しい感想が寄せられてきます。ある方は、家族に内緒で「ディクシャ（エネルギーの伝授）」を受けて帰ったら、何年も口を利かなかったご主人が話しかけてきたそうです。サマディパワーの祝福「ディクシャ」で潜在意識が浄まり、その方が変容して意識も変わったのです。ご主人も集合意識からその波動を受け取り、反応が変わったのです。

人は、見えるところが綺麗であり、物が豊かであると幸せになれると考えています。しかし、そこには競争があり、疲弊していく人も生まれます。

勝つためにエゴをどんどん膨らませ、プライドも高くしていくのかもしれません。でもそれは、あなたを真に幸せにする本質から遠くなることであることを、誰も理解していないのです。あなたが本当に楽になり、幸福になっていくのは、本質からの生命力を引き出し輝く生き方をするからです。それは本質につながり愛と平和を広めていく人になる生き方です。自分を信じ、見えない存在を信じます。

今の時代は、人々の不満、不安をあおるような情報が氾濫しています。

しかし、不動の本質につながり、自分の内側が整ってバランスがとれると、心が動かされなくなります。不動の心になるのです。

内側の祈りと瞑想を習慣にしていくと、変わっていくものなのです。

70
100

私たちは可能性に満ちた存在です。
潜在意識を浄め
精神統一すると、
私たちの奥深いところから
ものすごい力が出てくるのです。

「潜在意識」や「火事場の馬鹿力」などという言葉を、聞いたことがあると思います。

私たちは普段、心のごく一部の表層的な部分しか使っていません。

その部分を顕在意識といいます。


その下に潜在意識があり、それを目覚めさせると、ものすごい力が出ます。

「火事場の馬鹿力」というのは、火事のような緊急事態において、熱さも空腹すらもすべて忘れ、普通なら持てない重い物すら持ち出す力が出る、ということです。

日頃は、嫌い、できない、恥ずかしい、疲れる……、いろいろ考え消耗しています。

エネルギーを否定的に使い、疲れてしまい、物事が成功へと向かいません。

成功する人は、自分を信じ、恐れず前向きに考える心の使い方をしています。

失敗すると、真面目な人はよく自分を責めますが、そうするだけで疲れてしまいます。

考えるだけで行動できなくなります。


ところが、実は私たちの内側は、どんな人でも可能性に満ちているのです。

私たちは宇宙のパワーでつくられ、地球に送られてきました。

私たちの中には本当にすごい力があります。

瞑想はそこを浄め神秘の力を目覚めさせる行いなのです。

71
100

日本刀のように、
鋼も純粋になるほど強くなります。
人も自分の内側をどこまでも美しく、
純粋にすることが大事なのです。

私たちの心（マインド）は、複雑になりすぎています。


誰もが生まれてすぐは、とても純粋なのです。

ところが、育っていく過程で「これをしてはいけない」「あれをしてはいけない」などと言われます。何かに失敗すれば「ダメだ」「お前はできない」と言われ、自分に自信をなくしていきます。


だから、懸命に自己防衛をしながら、自分でない誰かを演じたり、叱られないようにと良い子を演じたり……。みんな、子供の頃からけなげに生きてきたのです。

そういう体験が心に記憶として刻まれ、それが自分のキャラクターを作っていきます。

そういう歳月の積み重ねを経て、今のあなたがいるのです。

鋼は焼いて、さっと水を差して、また焼いて、何度となく叩いて、鍛えていきます。

焼いて叩いて、焼いて叩いて……。

そうすることで、どんどん緻密になり、どんどん純粋になっていきます。


日本刀のように、鋼も純粋になると、どこまでも強くなります。

人も、鋼のように、自分の内側をきれいに、どこまでも純粋にすることが大事なのです。

72

100

願いが叶わないのも、
自分の心が作り出している現象です。
願いを実現させていくには、
不動の心が必要なのです。

私たちは、どうやって願いを実現していったらいいのでしょうか？

そこには、心（マインド）のからくりがあります。

はじめはどんなに強く願っていても、それが持続せず、やがて心が変わってしまうことがあります。


あなたの願いがなかなか実現しないのは、その願いがあくまでも表面的なもので、弱いからなのではないかと思います。願いが実現しないことも含めて全部、自分の心が作り出している現象なのです。

私たちは「あれが欲しい、これが欲しい」と、絶えず感覚が動いていて落ち着きません。はかなく散っていく花を見ていると、わびしくなったり、悲しくなったりします。欲しいものを誰かに奪われると、悔しく感じたり、怒ったり……。

欲望のままに、変化するものに翻弄されるのではなく、精神を統一することが、人間が生きていく上で一番大切なことです。

ヨガは「結ぶ」という意味です。結び付けて、調和をとって、動かないようにする、ということです。

持続する心、不動の心が、願いを実現させていくのです。

73

100

心の執着をとっていきましょう。
「あれもこれも自分のものに」と、
いろいろなものを抱え込んでも、
心に塊ができるだけなのです。

私たちは本来、素晴らしい完全なる存在なのです。


しかし、過去生から一生懸命生きてきて、人と競争してきました。

人と比較して持っていないと不安がり、悲しんで、嫉妬して……。

どんどん競争をくり返して、そうやって心（マインド）が発達してきたのです。

私たちの源にある永遠の存在「本当の自分」は、心の執着で曇ってしまっています。

「あれを自分のものに、これを自分のものに」といろいろなものを抱え込んでいます。

例えば「あの人は嫌いだ」と思ったり、あるいは、人のものを欲しいと思ったり、白分を良く見せるために嘘をついたり。

それらの思いや行為はどんどん自分の中にネガティブな塊をつくるのです。


その心の塊をほぐしていくには、相手の幸せを願っていくことが必要です。

心に固まった悲しみや淋しさ、比較の心を溶かすためには、自ら愛を出していくことが必要です。

執着の塊をほどくために、昔から善行やお布施が勧められています。

人に親切にする、愛を出す、という善なる行為の象徴としてお布施をする、つまり捧げるという行為です。

そのようにして、心を浄化し、体を浄化して、執着をとっていくのです。

74
100

内側を浄めていきましょう。
私たちの中には見えない体があり、
「輪廻転生」の記憶が
全部残っています。
それらをきれいに
しなければなりません。

私たちは何生も何生も、生まれては亡くなり、生まれては亡くなり、生と死をくり返し、命を今につなげています。

それは仏教的な言葉、ヒマラヤ秘教の言葉で「輪廻転生」といいます。

私たちの中には、アストラル体、あるいは幽体や霊体という見えない体があります。そうした見えない体に、輪廻転生の記憶が残っています。生死をくり返した、その記憶が全部残っていて、それが設計図となってあなたの未来の運命を決めているのです。それらをきれいにしていくために一番良いことは、感謝です。毎日いろいろなことがあるでしょうが、すべてを学びと受け取り、感謝していただきたいのです。いつも感謝の気持ちで、正しい考え方をしていくということが、次に良い結果を生みます。

そして、善い行為をするのです。正しい行為をすること。自分を傷つけず、人を傷つけないこと。そのようにして、良いカルマによって結果を変えていきます。さらに積極的に潜在意識にアクセスして内側を浄めていきましょう。

私は、みなさんに内側を浄め運命を変える波動を差し上げています。ものすごくパワフルなものですから、正しく扱っていただくことが必要です。正しい心がけで受け取ることが大切です。

75

100

物質的な豊かさや、
感覚の喜びは、
一時の楽しみが過ぎると、
もっと欲しくなり、
心が満ちることはありません。
真の幸福は、
私たちの内側にあります。

私は、真の悟りの証明と、世界の平和のために、インドの各地で、公開でのアンダーグラウンドサマディを18回行ってきました。

空気の遮断された地下窟で4日間、死を超えて、深い瞑想状態に入ります。心身を浄め尽くし、宇宙創造の源と一つになり、「本当の自分」となります。そして、4日後の約束の時間に、元気に復活します。

究極のサマディを体験すると、何が本当に大切なのかがわかるのです。

心はいつも「足る」を知らず、限りなく欲望がエスカレートしていきます。物質的な豊かさや感覚の喜びは、心の満足であり、やがては執着となります。一時の喜びが過ぎれば、もっと欲しくなるだけで、心が満ちることはないのです。

真の幸福は、本当の自分になったときからやってきます。

本当の自分は不動の存在です。内側が安定し、満たされていると、外側にも同じような状態が映し出されていくのです。

内側にある「本当の自分」は、何でも生み出せる自信に満ちています。

「本当の自分」は、すでに愛と信頼に満たされていて平和に満ちあふれているのです。

76
100

捧げる生き方をしましょう。
あれが欲しい、これが欲しいと、
欲をかいて生きていても、
決して満たされることはありません。

誰もが、今に満足せず、何かを求め欲をかいて生きています。認めて欲しい、愛して欲しい、親切にして欲しい、手伝って欲しい、ああして欲しい、こうして欲しい。満たされず淋しく感じ、不満を持ちます。

でも、自分から先に優しい言葉をかけたり、親切にしたりはしないのです。

インドには、お布施をするという土壌があります。

自分の幸せのために、美味しいものを食べたり、旅行したりして、心を楽しませるだけではなく、みんなと分かち合うということをします。

世の中が良くなっていくために、自分のお小遣いも高次元の存在に「捧げる」のです。

そして、捧げると祝福が起きて執着がとれるのです。

そうすると、カルマが浄化され、どんどん神様のエネルギーが働くことになります。直感が働き、アイデアがどんどん浮かんでくることでしょう。愛の人になっていき、心が平和になるのです。そうなった上での瞑想には、すごい効果があります。

しかし、「捧げる」ことがまったくできない状態で、ただ瞑想しているだけでは、心のゴミをためながら整理することになり、進化がありません。

早く変容するには、積極的に捧げる生き方をすることが大切です。

77
100

持っているものを手放して、
人々に愛を与えていくことで、
あなた自身の執着が落ちていきます。
手放すことで、満ちていくのです。

幸福には、精神的な幸福と、物質的な幸福があります。欲しいものが手に入っても、すぐにまた新しいものが欲しくなるように、物質による幸福は感覚の喜び、心の喜びであり、一時的なものです。

真の幸福は、見えないところにある源を発見することにあるのです。元々、この世のものはすべて、見えない大いなる存在から生まれたものです。どうしたらその大いなる存在を発見できるのでしょう。それは心に執着でくっついたものの奥にあり、それを見ることも感じることもできないのです。くっついたものを溶かして手放すのです。執着を落とすには、惜しみなく分かち合うことです。

まわりの人たちの魂を生かす行為で、あなた自身が輝いていくのです。私たちの源には無限の愛と叡智、生命エネルギーがあります。そこにつながり、その源の本質を信頼します。心と体を正しく使って、真の成長を目指しましょう。それには、「ヒマラヤシッダー瞑想」を生活に取り入れると良いのです。体・心・魂が浄化され、源の生命エネルギーにつながって、ぶれない中心軸ができます。心の迷いがなくなり、自信にあふれてきます。

78
100

宇宙のすべてがあるところ。
そこにはすべてが含まれていて、
力があって、愛があって、
平和があるのです。
それは、あなたの中にもあります。

あなたは、一人の人間の中に、大宇宙のすべてがあるのを知っていますか？
宇宙にはいろいろな生き物がいます。動物もいるし、植物もあります。
さらにはバクテリアや、もっと小さな存在であるウイルスも。
それらは環境によってどんどん変化していきます。
際限なく環境で変わっていくのです。

私たち人間もそうです。
いろいろな人種がいて、肌の色が違い、目の色が違い、言葉が違い……。
同じ人種でも、背の高い人、低い人、太った人、瘦せた人……。
環境に応じて、さまざまな変化をしていきます。

その中で、まったく変わらないものがあるのです。
それは、命。生命エネルギー。
宇宙のすべてを創り出している源の存在です。
そこにはすべてが含まれていて、力があって、愛があって、平和があるのです。

その源の存在が、人間一人ひとりの中にもちゃんとあるのです。

79
100

宇宙には八百万（やおよろず）の
エネルギーがあり、
八百万の神様がいるのです。
低い波動の神様とはつながらないよう、
しっかり選ばないといけません。

この宇宙には八百万（やおよろず）のエネルギーがあり、八百万の道があって、「悟り」への道もまた八百万です。

例えば、目から入る、耳から入る、おへそから入る、というように、いろいろな穴からその道へと入ったり。ちなみに、おへそは命の絆、お母さんとつながっていたところであり、とても重要です。


また、インドにはさまざまな修行があります。非常に難しいポーズをしたり、片腕をずっと挙げているとか、片足で立っているとか、あるいは火が燃える鍋を頭上に載せる、針の山で眠るといったような極端な修行をする流派もあります。


この宇宙には八百万のエネルギー、つまり八百万の神様がいるのです。

ですから、例えば、低い波動の神様につながると、激しい不安定な性格になったりもします。

スピリチュアルの道も、しっかり選ばないと危ないのです。枝葉のことを学び、それが全部と思ってしまうかもしれません。いろいろなものが取り付いて、潜在意識が活性化し、パンドラの箱を開けるようなことになったら大変です。

みなさんには本物の良い瞑想に出会い、良い師に出会っていただきたいと思います。

80
100

悟って神と同じ波動で
祝福をくださる存在、
マスターと出会ってください。
教えをいただき、愛をいただき、
励みをいただいて生きていくのです。

お参りとか、巡礼といったカルチャーはインドでも盛んです。ガンジス川にお参りに行ったり、寺院巡りをします。

四大聖地といわれるヒマラヤの奥地には紀元前から寺院が建っています。

一般の人は物質的なものを全部捨てる「出家」はできないので、寺院にお参りをしたり、苦行した聖者に出会って祝福をいただくのです。

教えをいただき、愛をいただき、励みをいただいて生きていくのです。

インドの人は、見えない力、聖なるエネルギーを尊びます。それをいただくとカルマが浄められ執着が落ち、力をいただき意識が高められ、幸福になるからです。

ですから、インドの人は夢中になって、聖者に会いに行きますし、聖者が歩いたところの砂まで持って帰るのです。

そして、師となるマスターと出会い、弟子になりつながっていきます。

ヒマラヤ大聖者、シッダーマスターは、浄めと守護する力のある波動を持ち、祝福してくださる存在です。あなたがヒマラヤ聖者からディクシャというエネルギー伝授を受けると、ヒマラヤ聖者とつながります。

ヒマラヤ聖者を愛すると、ヒマラヤ聖者のエネルギーがあなたに流れ、自然に浄まっていくでしょう。そうすることで、あなたは常にマスターと共にあるのです。

第5章

最強の自分になるためのことば

81

100

引退しても、
生命が輝く時間を過ごしましょう。
介護を受けるような年齢でも、
元気にあふれ、
むしろ他の人を手助けする、
そんな高齢者になっていくのです。

最近は本当に長生きですから、60歳でもまだ若いと言えるでしょう。

でも、会社は辞めることになります。そして人生１００年、辞めてからさらに何十年も生きるのです。その時間をただ心と体を消耗していくのではなく、いかに良い時間として過ごすかがとても大切です。


悩みがなく生命が輝き、愛にあふれ、平和な時間の過ごし方をしてほしいと思います。

介護を受けるような年齢になっても、元気で他の人を手助けするような、そんな高齢者になっていきましょう。


そのために、常に見えない存在を信じ、布施と奉仕をして、祈りと瞑想をしていくのです。日々の暮らしの中で、相手に親切にする良い心の使い方をしていきます。

競争社会の中で、弱いといじめられてしまう、強くならなければ、と頑張ってきました。そんな心（マインド）を外す修行をしていきます。

ただ外側だけで良い人を演じるのではなく、本質を愛し感謝する人間になるのです。

みんな、出どころが同じ源の尊い存在、神からの子なのですから、お互いに拝み合わなければいけません。


つまり、お互いに尊敬し合うのです。

82

100

感情が不安定になると、
体の中の水も
どろどろになったりします。
水も感情の影響を受けるのです。
平和な心でいると、
血液もきれいになります。

血液や体液は体の中の水、水のエネルギーです。水は感情に非常に影響されます。恐れたり、怒ったり、感情が不安定になると、体の中の水が濁り、どろどろになったりします。毎日いろいろ心配していると、体の中の血液が酸性になり、やがてどろどろになってしまいます。あまりストレスが多いと、血管にコレステロールがつき、動脈硬化を起こしてしまうでしょう。

瞑想をしたり、修行をしたりすることで、体の水の質を良くしていくことができます。常に平和な心でいると、血液もきれいになるのです。健康には、やはり平和な心であることが必要で、「明鏡止水」、邪念がなく、澄み切って落ち着いた心の状態が良いのです。気持ちをさっぱりさせると、体もさっぱりします。

そして、自分を平和にすることで、宇宙のいろいろな働きも平和になっていきます。地球の平和を願う「五大元素（土・水・火・風・空）の祈り」は、自分の内側の元素を平和に、透明に、純粋にしていきます。するとそこにつながる外側の世界の元素も平和になり、世の中が平和になっていくのです。心と体を平和にすることで、外側の世界も平和になるのです。

83

100

否定的になる心に打ち勝ち、
自分を磨いていくのです。
人ではなく、
自分自身に勝つことで、
愛のある人になっていきましょう。

心配、不安、悔しさなどを抱えた心につながると、芋づる式に、どんどん否定的なエネルギーを引き出してしまいます。

自分はしっかり守られているから、良いエネルギーしか引き寄せない。

そういう人になっていただきたいのです。


恨んでばかりいても、消耗してしまいます。

仕返しをしたり、人に勝つことが嬉しかったり、ではなく、自分自身に勝たなければなりません。

自分の否定的な心に打ち勝ち、自分を磨いていくのです。

愛ある人になっていきます。

本質の人になっていきます。


あなたがそうなることによって、世の中から争いが少なくなり、引きこもりが少なくなったり、犯罪が少なくなったり、世界が平和になっていったりするのです。

みんなの愛の祈りが、みんなをつないでいきます。

「世の中もまだまだ捨てたものではない」と生きる力がみんなに漲ってくるでしょう。

84

100

みんな、何かに依存して生きています。
それがないと生きられないとか。
それがないと満たされないとか。
違った幸福感を
知れば、手放せるのです。

自分が自由だと思い込んでいる人でも、体や心に縛られています。

足が痛いから動けないとか、自分にはできないという心の縛りがあったりとか。

この人が嫌い、この仕事が嫌い、という心はとても不自由です。すべてに感謝して、喜んでできれば、すごく自由な人になります。


「嫌い」があると、そこでエネルギーがブロックされて不自由になります。自分の中にある「ＮＯ」を見つめて、一つひとつ自由にしていくのが瞑想修行なのです。

真の自由というのは、何にもとらわれない、何にも依存しないことです。


ところが、みんな、何かに依存して生きています。

美味しいものを食べて幸せ、それがないと生きられないとか。きれいなものを集めて幸せ、それがないと満たされないとか。

「好き」という幸福感に依存しています。もっと違う幸福感があれば、それが小さな幸福感だということに気づいて、手放せるのです。

それだけが唯一の幸福感だと思うから、すごく執着してしまうのです。

本当は、幸福感は自分の中から湧き出てくるもの。「本当の自分」は完全なのです。

「本当の自分」に戻っていくと、本当の自由を得られるのです。

85

100

誰にも座右の銘が、
大切な言葉があると思います。
私が一番大切にしている言葉は、
「本当の自分になる」です。

誰にも好きな言葉、座右の銘、大切に思う言葉があると思います。
あなたの好きな言葉は何ですか？

私が大切にしている言葉は、「本当の自分になる」です。
もうずっと、くり返し発信している言葉でもあります。

これは「悟り」ということと同じです。

「本当の自分」は、宇宙的な愛の存在です。
いつも生命エネルギーに満ちている、疲れを知らない存在です。
どんなことも常に理解でき、愛を出す、叡智に満ちた存在です。
それは本来、私たちが持っている万能の力なのです。

私たちの内側には、神秘の力があるのです。

86
100

心の内側はとても
乱れています。
あなたの中をきれいにしましょう。
本当はみんなの中に
ブッダ(仏陀)がいるのです。

悟りへの道は本来、困難な道なのですが、私たちの中には「仏性」があります。

つまり、悟れるエネルギーがあるのです。


実はみんなの中にブッダ（仏陀）がいるのですが、まだ目覚めていないのです。

眠れるブッダを目覚めさせ、修行して曇りを取っていくと、やがて私たちはブッダそのものになっていけます。


そのために、あなたの中をきれいにしていきましょう。

私たちの心の内側、潜在意識は、実を言うととても乱れているのです。それは、心を使って欲望と無知と感情に振り回される生き方をしてきたからです。

心配したり、イライラしたり、怒ったり。自分自身に対しても怒ったり。

いろいろな負のエネルギーがたくさん詰まっています。


今まで情報を集めても、かえって混乱していました。欲の心で幸せになろうとしても、混乱してしまうだけなのです。

あなたの中をきれいにしていき、「本当の自分」に出会わなければなりません。それには瞑想、ヒマラヤ大聖者の「ヒマラヤシッダー瞑想」が一番良いのです。

87/100

果てしなく広がるこの宇宙には、
無限の豊かさがあります。
それはあなたの中にもありますから、
引き出す方法を教えます。

この宇宙は、エネルギーでできています。

エネルギーの法則は「出せば、入ってくる」です。
呼吸と同じ、息を吐き出せば、自然に息が吸い込まれてくるでしょう。
あなたが信頼と感謝を差し出すことで、良いエネルギーの循環が起きるのです。
本来、お金もエネルギーです。
愛と感謝でお金を使うとき、それは自分を浄め、人を幸せにします。

一人ひとりが富を抱え込むのではなく、もっと多くの人が捧げる生き方をすることで、
社会は潤い、豊かになっていくのです。

果てしなく広がるこの宇宙には、無限の豊かさがあります。
そして、その豊かさは、あなたの中にもあるのです。
あなたがその無限の豊かさを引き出す方法は、「信頼すること」です。
そして、あなたの奥に存在する「本当の自分」に出会っていくのです。

88
100

本当のあなたは死なない存在です。
魂は光であり、永遠の存在で、
輝き続けるダイヤモンドです。
それがあなたの中にもあるのです。

ヒマラヤ大聖者・シッダーマスターは、あなたを暗闇から光へ導きます。

人は生まれて、愛をもって生き、それから死への旅をします。そして、どんな人の心も体もだんだんと汚れ、歳をとり、死んで朽ちていきます。

でも、「本当のあなた」は死なない存在なのです。


魂は光であり、永遠の存在です。

死なずに、輝き続けるダイヤモンドの存在、それがあなただということです。


ただし、頭で「私はダイヤモンドなんだ。死なない存在なんだ」と思っても、そうなるわけではありません。それは単なる思い込みです。

それを実際に体験していくのが、「悟り」への道なのです。


魂を輝かせるためには、それを覆う心（マインド）の曇りを取り除かなければなりません。

ヒマラヤの恩恵はその秘法を持っていますから、まずは扉を開けましょう。

そして、心を浄め磨きながら、自分の奥深くにある源の存在に到達し、光と一体になるのです。

89
100

生命エネルギーを活性化させると、
体のアンバランスな状態が整い、
疑いや恐れが消え、心が癒され、
ストレスからも解放されていきます。

「ヒマラヤシッダー瞑想」を始めると、私たちを生かしている生命エネルギーが活性化します。

生命エネルギーというのは、源のパワーです。この生命の力によって、眠っていた様々な能力が目覚めていきます。

それは本来、私たちが持っている万能の力なのです。

活性化した生命エネルギーは、病気や体調不良といったアンバランスな状態を整えてくれ、心を癒してくれます。

生命エネルギーが満ちると、変に心配したり、気を遣って疲れたりすることがなくなります。人間関係にも信頼が生まれ、疑いや恐れが消えていきます。

様々なストレスからも解放されていくのです。

「ヒマラヤシッダー瞑想」によって、さらに内側の整理整頓が進むと、心が空っぽになっていきます。

心が軽やかになり、自由になっていくと、奥深いところから最良の選択が「閃き」となって届いてきます。直感が冴え、発想力や創造力が磨かれます。

偉大な見えない存在からの智慧を、引き出すことができるようになるのです。

90
100

純粋な自分に還っていきましょう。
みんなが宇宙と同じ純粋な、
5つの元素で成り立っていますが、
生きていくにつれ
不純になっていくのです。

今から40年以上前の20代後半から30代前半のころ、私は都内に50か所のクラスを持っており、ヨガを教えていました。満たされてはいたのですが、「人を指導するのなら、もっとすべてを知らなければ」と思っていました。

そして30代後半のあるとき、ヒマラヤ聖者・パイロットババジが日本のテレビ番組に出演したときに、私は日本のヨガ指導の草分け的存在として手伝いを頼まれ、そのご縁でパイロットババジから「ヒマラヤにいらっしゃい」と招待されたのです。

当時の私はさまざまな癒しを究めて、さらに「真理を知りたい」と、いろいろと探していたところでした。ヒマラヤで深い修行を行い、体という小宇宙を浄めました。心をつぶさに見て知って、それを超えていきました。そして、さらに深いところのエネルギーと一体になって、サマディ（究極の悟り）に到達したのです。

誰もが、宇宙と同じ5つの元素で成り立っています。

土、水、火、風、そして空という純粋な5つの要素でこの体はできているのです。しかし、生きていくにつれ、それは濁ったり、鈍くなったり、またストレスもたまっていきます。自分を疑い、人を疑い、怒ったり、悲しんだり……。無知の心と、欲望の心で年とともに重く、不純になっていくのです。

生まれたときは誰もが純粋でした。ヒマラヤの教え、「悟り」への道は、汚れを浄め、純粋な自分に還していきます。「本当の自分」に還っていくのです。

91
100

5千年の時を超える、
ヒマラヤ聖者の教えがあります。
すべてが満ちていて、
最高の人間になっていくための
教えなのです。

最高の人間になるための実践の教えがあります。

それは、王様が学び、仏陀が学び、キリストが学び実践した教えです。
それは、5千年の時を超える聖者の教えです。
宇宙の仕組みを解き明かす教えなのです。

この体は小宇宙です。私たちの内側に神秘の力があるのです。
私たちの内側の源に愛と智恵があり、生命エネルギーがあります。
それを目覚めさせていきます。
そうすることで、すべてが満ち、最高の人間になっていくのです。

人生における真の成功とは、「本当の自分」につながり、最高の人間への道を歩むことです。

サマディマスターは、あなたの生命力を高める聖なる波動を差し上げています。
それは宇宙の源と直結するパイプになります。
ヒマラヤの恩恵をいただくと、あなたの人生は180度変わっていくのです。

92
100

究極のサマディに到達しました。
無限の存在と一体になり、
いただいている愛と智慧とパワーを、
みなさんにもおすそ分けしています。

私はヒマラヤ聖者にピックアップされ、ヒマラヤの秘境で修行をすることができ、真理を体験することができました。

小さい頃から「何のために生まれてきたのか？」と探求心があったので、そういう道に導かれたのだと思います。

ヒマラヤ聖者に出会って「サマディ（涅槃、究極の悟り）を体験すれば、すべてわかる」と言われました。

サマディは、めいっぱい頭を使って、いろいろなことを勉強し、能力を開発していくのとはまったく逆で、頭を使わず、心を使わず、空っぽになり本質に還っていく、ということです。

私は死をも超える究極の修行をして、究極のサマディに到達しました。

サマディは、山の頂上に登ったようなものです。すべてを見渡すことができます。

サマディは、無限の存在、神と一体になります。すべてを悟るのです。そこからの愛と智慧とパワーをいただきます。

私は、サマディからの祝福をシェアしています。みなさんが深いところから浄まり、生命力が高まり、内側から変容していくのです。

93
100

ヒマラヤに便利なものは
何もありません。
ただ雪があって、山があるだけです。
そんなヒマラヤの恩恵は、
自分の中の永遠の命と出会うことです。

みんなが「より幸せになりたい」と、生きていく上でいろいろな情報を得ています。

私の場合は悟りというものを追い求め、ついにはヒマラヤまで行ってしまったのです。ヒマラヤには、家財道具も何も持って行けません。そして、ヒマラヤには便利なものは何もありません。ただ雪があって、山があって……。

私は性格的に、いろいろな自然なものの成り立ちを追求することが好きでした。幼いころ木々や草花がいっぱいの自然の中で育ったせいか、自然の美しさや純粋なものが好きでした。

いろいろなことがわかりたい、そのために真理に出会いたい、と思っていました。

私は運良く、みなさんを代表して、ヒマラヤに行って体験することができました。ヒマラヤ秘教の教えは密教であり、見えないところの真理を解き明かす実践哲学です。真の恩恵であり、永遠の命の発見です。私たちの中に永遠の命があり、それは真理であって、苦行をして実際に出会っていくのです。自分の本質を究めるのです。

それは「本当の自分」に出会うこと。すべての宗教の原点です。

ヒマラヤの教えには、みなさんを最高の人間にする研磨機がたくさんあります。

あなたの心と体を磨き上げることができるのです。

94
100

素晴らしい、聖なる生き方を
みんなにしていただきたいのです。
どこまでもクオリティを高め、
本質の人になってもらいたいのです。

私たちは「素晴らしい人になりたい」と、日々を生きています。しかし、いろいろ勉強して、知識を増やしていても、自分自身についてはほとんど知らないのです。

この自分の小宇宙に、いったい何があるのでしょうか?

ヒマラヤの聖者は、究極の真理を悟りました。

知識としてなら、仏教やキリスト教の本を読めば、何かがわかるでしょう。でも、ブッダも、キリストもずっと昔の人なので、弟子から弟子へと語り継がれるうちに、どんどん形が変わってしまっているかもしれません。

私はヒマラヤ秘境にて究極のサマディを成就し、神と一体になり、ヒマラヤ聖者となりました。みなさんにヒマラヤ聖者の恩恵の秘法を直にシェアしています。

それは神のアヌグラハというエネルギーで変容する力があります。

みんなに、真に幸せになっていただきたいのです。

少しでもあなたの中を目覚めさせ、あなたのクオリティを高め、本質の人になってもらいたい。体験を通していろいろ気づいていき、ぜひ実際に「本当の自分」と出会って、常に内側から愛がわき、智慧がわき、生命力に満たされ、何の苦しみもない聖なる生き方をしていただきたいのです。

95

100

真の愛を育んでください。
相手に見返りを期待していると、
結局お互いに束縛し合い、
責め合うだけの関係になります。

常に無償、無欲の愛でなければならないのです。見返りをまったく期待せず、ただ相手の幸せを願い、相手のためだけに行動する。そのような真の深い愛を持てるように、お互いが成長していかなければ、結局は束縛し合い、ただ責め合うだけになってしまいます。

相手につい期待してしまうというのは、心（マインド）に振り回されているということなのです。そのことに気づき、無償の、無欲の、真の愛というものを理解する人になっていきましょう。

そうすれば、人々が束縛し合わず、あらゆる道が開け、それぞれの良い生き方を尊重していくことができるようになるのです。

そのような真の愛は、何もしないで自然に湧いてくるものではありません。自分の中のあちらこちらにはさまざまなカルマがあり、執着する思いもあります。それらに気づいて、浄めて、溶かしていくのです。深い瞑想「ヒマラヤシッダー瞑想」を行って、自分自身を愛し、マスターを愛し、心を理解して、それらを超えていくのです。

心と体を浄めて、自分の内側深くにある、真の深い愛を目覚めさせ、育んでいきましょう。

96

100

神はすべての創造物に宿っています。
あなたの中にもさまざまな
エネルギーが集まり、
さまざまな働きがあります。
宇宙と同じ神秘の力があるのです。

神、高次元の存在、至高の大いなる存在。

すべては、そこから生まれました。そして、それはすべての創造物の奥深くに存在しています。


私たちもそこから送り出され、はるか昔、何億年も前に命を得た存在となり、それから連綿と命をつないできました。

そうして生まれた人間は、「輪廻転生」をくり返すことによって進化しました。

輪廻転生とは、生まれてから、体の寿命によって死を迎え、また生まれ変わる、それをひたすらくり返すことです。


そのような輪廻転生をくり返してきた、あなたの内側には、いったい何があると思いますか？


あなたの中にはさまざまなエネルギーが集まり、さまざまな働きがあります。あなたの中にも、源の存在、宇宙と同じ神秘の力があるのです。

あなたは宇宙の子として送り出され、計り知れない智慧のもとに生まれているのです。

97
100

「心の大掃除」をしましょう。
あなたの中にもたくさんある、
わかっちゃいるけど
やめられない「心の癖」を
洗い流していくのです。

人に嫌われたくない、否定されたくない。だから、良い人でいよう。そのように「体裁を取り繕った自分」「他人に気に入られるであろう自分」ではなく、もっと、あなたらしく自由に生きていいのです。

そして、そのためには「心の大掃除」が必要です。

大掃除といっても、心は取り出して洗えるわけではありません。

長年の習慣でできあがってしまった、心の「思い癖」は、自分の力ではそう簡単に変えることができません。わかっちゃいるけどやめられない「心の癖」が、誰の中にもたくさんあるでしょう。そのような癖を洗い流していくのです。

ヒマラヤ大聖者・シッダーマスターが高次元のエネルギーである「アヌグラハ」を与えることで、あなたの内側は根底から変容していきます。これまでの演技していた心、誰かの顔色ばかりうかがっていた心。そうした、人の力では落とすことのできなかった「心の癖」を短時間できれいに浄め、溶かしていくことができるのです。

ヒマラヤ聖者は、心と体を浄化して純粋になり、さらに神と一体になったことで、人々を変容させる力を得たのです。ヒマラヤ聖者の祝福は「アヌグラハ」といいます。

それはヒマラヤ聖者の存在から放たれるエネルギーです。

この本からも、そうしたアヌグラハの恩恵があなたに伝わるのです。

98
100

何事も純粋な心で
向き合うことが大切です。
とても悲しかったり、
ひどく不安だったりしているときには、
どんなに美味しいものでさえ、
しっかり味わえなくなるのと同じです。

同じ音楽でも、悲しいときに聴くのと、楽しいときに聴くのでは違って聞こえます。

いろいろな心を取り払い、純粋な心で聴くことが大切です。

どんなことに対しても、それは同じです。

ものすごく悲しかったり、不安だったりしているとき、美味しいものを食べてもあまり味がしないでしょう。

純粋な心でないと、物事はしっかりと受け止められないということです。


では、コロコロ変わる心をどうやって純粋にしていくのでしょう。

「気づき」によって、心は変えられます。

自分が心と体のマスターになっていくのです。


サマディを成就した聖者から出ている波動を「アヌグラハ」といいます。究極の純粋なエネルギーです。

テレビにチャンネルがあるように、人にもそれぞれチャンネルのようなものがあります。A子さんチャンネル、B子さんチャンネル……、その人ごとに波動は違うのです。

シッダーマスターチャンネルは、純粋な波動です。

純粋で超強力な波動を、みなさんに差し上げているのです。

99
100

潜在意識に刻まれている、
膨大な記憶とエネルギーが、
あなたの運命を決めています。
その潜在意識を浄めるのが
「ディクシャ」です。

「ヒマラヤシッダー瞑想」は、サマディマスターの「ディクシャ（エネルギーの伝授）」からはじまります。

「ディクシャ」は、あなたの潜在意識を浄めるのです。

目覚めている間、使っている意識が顕在意識です。

この顕在意識の奥に、潜在意識があります。

自分の行為から生ずるすべての印象が、潜在意識に刻まれていきます。

好きだとか嫌いだとか、恐れや不安、悲しみなど、過去生と今生の膨大な記憶が潜在意識に刻まれているのです。その中の深いところにある、過去生からの記憶が宿命です。そういう膨大なエネルギーが、あなたの運命を決めているのです。

あなたの中には、もしかしたら将来運が悪くなるような設計図も入っているかもしれません。しかし、それらはなかなか自分では変えることができないものです。

そういうエネルギーを浄めて、あなたを内側から変容させていくのが「ディクシャ」です。そしてさらに運命を変える修行をしていくのです。

あなたはマスターにつながることで、常にサマディ（涅槃）の祝福を受け取ることができるのです。

100
100

あなたを導いてくれる、
聖なる音の波動「マントラ（真言）」を
差し上げます。
ストレスやカルマが溶かされ、
生まれ変わることができるのです。

この宇宙は、光と音に満ちています。光と音は、創造の源にあります。いろいろな聖なる音があります。

ヒマラヤ聖者はそれを熟知しています。あなたは聖なる音をあなたの内側に広げ、それと一体になっていきます。

するとその音が源へとあなたを導いてくれます。そういう音の波動「マントラ（真言）」を、ヒマラヤ大聖者・シッダーマスターがあなたに伝授していきます。

その聖なる波動は、心（マインド）の内側の曇りを溶かします。

そして源へと到達するのです。レントゲンやＣＴスキャンの電波が体の見えないところまで達するように、その波動は源へとつながっていくのです。

その音の波動「マントラ（真言）」を内側で育てていけば、ストレスやカルマは溶かされて、あなたは日々生まれ変わることができるのです。

あなたの奥深くに眠っている、「本当の自分」である純粋な存在になっていくために、聖なる「マントラ（真言）」を唱え、内側への旅をしていきましょう。

あとがき

私たちは今までいろいろな学びをしてきました。何かを知ることはうれしいのです。

SNSの時代、さまざまな情報があふれています。物があふれ事柄があふれ、毎日何かを探し求め忙しいことでしょう。いくらそうしたもので満たそうと何かを取り込んでも、何か深いところが満たされず、淋しいのです。そして誰もが奥深くには恐れがあるのです。

この本では、淋しさを超えて豊かになるにはどうしたらいいかを書き記しました。究極のサマディ、悟りから生まれたメッセージです。

私が一番伝えたいことは、あなたが本当の自分に出会う道を歩むのが良いということです。あなたに進んで欲しい道は完全なる人間になる道、最高の人間に進化する道、悟りへの道です。なぜなら、それこそが完全にあなたの淋しさと恐れを取り除く道だからです。今の人間は、心と感覚の豊かさを求めることで、幸せになろうとしています。人類がずっとずっと歩み進化してきた道です。ただ欲望をもってそれに従って生きてきました。社会は大変便利になり成長してきました。しかし、今までの生き方は、まるで母親を見失って迷子になり、安らぎをなくした子供のようなものです。どんなに素晴らしいおもちゃをもらっても、それでは満たされないのです。そんな満たされない感覚を誰もが心の奥深くに秘めています。あなたが本当の自分に出会わなければ解決しないのです。この本の中でさまざまな疑問に答え、究極のサマディからの気づきの言葉を惜しみなく示しました。次のステップはあなたが自ら瞑想修行をして気づき悟ってほしいのです。

心がいろいろな慰めの言葉を受け取ったり、また何か楽しいことをしたりしても、それは枝葉のことです。あなたがディクシャというヒマラヤ聖者のエネルギー伝授をいただくと、そうした枝葉への回路は修正され、本筋の道を進み、パワーをいただいて楽に自然に満ちる方向に歩みだすことができます。今までは何か心が喜ぶものをいただく瞬間がうれしいわけですが、新しい生き方は何かに依存するのではなく、本質と心がつながるのです。あるいは心を使わないことを学ぶのです。そうして、エゴでいくら頑張っても得ることのできない神のような力を得るのです。そのためにはまず心を浄めて、心を使わないことを学び、さらには心を超えて、心を作り出す源に還ることです。そこにある本当の自分を悟るのです。

そのために、ストレスを作らない、ためない生き方をしていきます。瞑想で内側を浄めます。また日々内側が汚れないように良い行為をして功徳を積みます。

実際にそれをするためには意志力を強めます。高次元の存在につながることが必要です。それはヒマラヤ聖者や本当の自分につながるとよいのです。自分を信じること、あるいは高次元の存在につながってそこからのパワーをいただくと楽にいろいろな事柄ができるのです。高次元の存在につながるのが、ヒマラヤシッダー瞑想秘法です。高次元の波動をいただいて、さらに本当の自分になっていく回路を構築していくのです。それを中心にする生き方が新しい生き方です。自分を信じ、愛して、周りに愛を出していきます。新しい執着のないカルマを積みます。ここであらためて大切なことを伝えます。

無償の愛を差し出し、人を幸せにして、悪いカルマを積まないことが大切です。あなたは自分が積んできたカルマとともに、あなたがつながっている先祖のカルマの影響も受けています。

あなたの潜在意識を浄めるために、そうした先祖の御霊を浄めると効果的です。潜在意識には先祖の霊もつながり影響しているからです。こうした見えないところを浄めることが運命を変えるのに大切です。先祖七代まで浄めるとあなたの運命を変えることができます。

ヒマラヤ聖者は究極のサマディを成就した悟りの存在であり、その祈りの力で先祖供養をすると先祖が救われるのです。もちろん今までも供養をしてこられたと思いますが、ヒマラヤ聖者の供養の祈りはまた格別であり、先祖の御霊が喜び、カルマが浄まり高い次元に引き上げられるのです。あなたの先祖を浄めることであなたの運命が深いところから変わってくるのです。

またそれとともにあなた自身は、ヒマラヤ聖者のディクシャでシャクティパットをいただくことで、過去生からの深いカルマが浄められ、また併せて瞑想秘法を拝受して、常に良いエネルギーにつながって、人生が楽になるのです。そして日々ガイドをいただき、日々進化していくことができます。

通常マスターなしに瞑想を続けていくことは大変ですし、それをよく知るマスターなしに瞑想を行うのは危険でもあります。ぜひ悟りの存在に出会って、正しい瞑想を行ってください。

瞑想はあなたの中の記憶を浄め雑念を溶かしていきます。そして一つ一つの結ぼれをほどいて元の姿に戻していきます。心から解放され、本来の何もとらわれない純粋なあなたに戻っていくのです。ヒマラヤシッダー瞑想のマントラには、守護神のマントラがあります。あなたの禍を消していきます。さらにその人の望みをかなえることに特化したマントラもあります。先祖を浄めるマントラ、事業に成功するマントラ、智慧を育むマントラ、愛の人になるマントラ、病気を癒すマントラ、悟りのマントラなどとあります。そういったものを順次いただいて、修行をしてバランスの良い人になっていきます。

また人は宇宙と同じ元素でできています。それは土、水、火、風、空、さらには音と光です。これらもカルマで濁っているので、秘法の修行法とマントラの秘法で浄めて悟っていくことができます。

ヒマラヤ聖者の秘密の教えは、不老不死の人を作るものです。変容した悟りのエネルギーは、アヌグラハという聖なる恩寵となって、それを信頼する人が受け取って恩恵をいただけるのです。こうした道を歩むことで、自分のことのみを憂えるのではなく、もっと生き生きとみんなのために生きていくことができるのです。あなたがより幸せに生きていかれることを願っています。この本の言葉は愛から生まれました。あなたの心が癒されることを願っています。すべて必要なことが起きています。それに気づきさらに真理に気づくことで、あなた本来の姿に戻っていきます。あなたが内側の神秘の力にコンタクトしてさらに楽に生きていかれるように願っています。そのサポートを惜しみなく差し上げたいと思います。

２０２４年１月５日　ヨグマタ相川圭子

写真／桐野伴秋
高知県生まれ。写真作家。高知県観光特使。
「一瞬の中に永遠を宿す」をテーマに、美しい地球の姿や日本の情景を後世に伝えようと、写真作家として活動。2013年、キヤノン企業カレンダー世界版に起用される。イタリアのフィレンツェ「メディチ・リッカルディー宮殿・鏡の間」、ミラノ万博、美術館など多数の展覧会場で作品を発表。著書に『セドナ：奇跡の大地へ』『日本 美の幻風景』（ともに講談社）、『弘法大師空海 1200年記念 金剛福寺』（非売品）、『地球 美の幻風景』（高知新聞社）など。

編集協力／竹森良一
ブックデザイン／山口美登利・玉井一平
校正／株式会社円水社
DTP／株式会社明昌堂
編集／富岡啓子（世界文化社）

ヒマラヤ大聖者の
あなたの淋しさに寄り添う100のことば

著者＝相川圭子

発行日＝2024年3月5日　初版第1刷発行

発行者＝岸　達朗
発行＝株式会社世界文化社
〒102-8187
東京都千代田区九段北4-2-29
電話＝03（3262）5124（編集部）
03（3262）5115（販売部）

印刷・製本＝中央精版印刷株式会社

ISBN978-4-418-24501-7